중국어로 읽는 성경

황 신 애

박문사

이 저서는 2016년도 서울신학대학교 연구년 교내연구비 지원에 의한 연구임 먼저 이 책이 세상에 나올 수 있도록 은혜주신 하나님께 감사와 영광을 돌립니다.

필자는 2008년 서울신학대학교에 부임한 이래 줄곧 중국어성경강독을 맡아 강의하고 있다. 매 학기 수업을 진행하면서 학생들이 중국어성경에 대해 갖는 부담감과 어려움을 함께 공감하였고, 학생들이 좀 더 쉽고 재미있게 중국어성경을 배우면 좋겠다고 고민하던 차에 성경 인물을 중심으로 한 본 교재를 집필하게 되었다.

본 교재는 성경 속 인물들 가운데 우리에게 친숙한 15인을 중심으로, 학생들이 쉽고 재미있게 중국어성경을 읽을 수 있도록 이야기 형식으로 내용을 구성하였다. 또한 성경 속 인물의 신앙과 믿음을 통해 성경내용을 이해하고, 단어 설명과 어휘풀이를 통해 중국어성경 독해 능력을 배양할 수 있도록 하였으며, 아울러 중국어 예문과 문법 설명을 더하여 중국어 학습도 가능하도록 하였다. 뿐만 아니라, 매 과 본문 중 묵상말씀으로 삼을 수 있는 성경구절을 발췌하여, 이를 통해 학생들이 신앙의 토대를 갖출 수 있는 기회를 마련하고자 하였다.

현재 중국의 기독교 인구는 중국정부 공인의 삼자교회 소속 기독교인이 약 3천만 명에 달하고, 비공인의 가정교회를 포함하면 약 1억 명에 달하는 것으로 추정된다. 이는 중국정부 건립이후 기독교인이 꾸준히 늘어나고 있는 추세로, 현재 중국 전역에서 복음화에 대한 열망과 갈망이 뜨겁게 타오르고 있다는 것을 보여준다. 다만, 안타까운 것은 주의 사역을 감당하고 복음을 전하는 선교사들이 절대적으로 부족하여 지금까지 기독교를 알지 못하고 경험하지 못한 사람들이 아직도 많다는 사실이다. 또한 중국에서 활동하고 있는 선교사들도 중국에 대한 이해 부족과 의사소통 문제로 복

음전파에 사실상 많은 어려움을 겪고 있는 실정이다. 이에 우리 크리스천들이 중국의 복음화를 위하여 철저히 준비하고 노력하여 예비된 생활선교사로 나아가야 할 것이다. 그런 의미에서 본 교재가 중국대륙의 복음화를 준비하는 이들에게 조금이나마 도움이 될 수 있기를 바란다.

끝으로 처음부터 끝까지 꼼꼼하게 원고를 검토해준 이상미 선생님과 이 책이 나올 수 있도록 도움을 주신 모든 분들께 심심한 감사를 전한다.

황 신 애

중국어로 읽는 성경

이 책의 구성 및 활용법

1. 중국어성경 본문

  본문은 성경 속 인물을 중심으로 내용을 재구성하여 학습자들이 쉽고 재미있게 중국어성경을 읽을 수 있도록 하였다. 아울러 중국어 초보자들도 쉽게 읽을 수 있도록 한어병음을 병기하였다. 또한 가독성의 편의를 위하여 본문은 한 문장씩 배열하고*, 문단은 들여쓰기를 사용하여 구분하였다.

2. 단어(生词)

  본문에 나오는 새단어의 한어병음, 품사, 뜻을 학습하여 중국어성경 속 단어를 이해하고, 나아가 구와 문장의 의미를 파악하여 중국어성경을 읽고 해석할 수 있도록 하였다. 또한 성경 속 인명과 지명을 새단어에 포함하여 성경에 나오는 고유명사를 중국어로 이해하고 사용할 수 있도록 하였다.

3. 어휘풀이

  본문에 나오는 어휘 중 新HSK 4~6급 어휘를 중심으로 뜻풀이와 문법 설명 및 다양한 예문을 제시함으로써 중국어성경 속 어휘를 통해 학습자의 중국어 실력을 향상시킬 수 있도록 하였다.

---

* 대화의 경우 단락으로 나누어 배열하였다.

4. 말씀 묵상하기

　본문에 나오는 성경말씀을 일부 발췌하고 출처를 밝혔다. 성경말씀을 통해 본문의 내용을 다시 파악하고 묵상함으로써 본문 성경말씀이 갖는 의미를 되새겨볼 수 있도록 하였다.

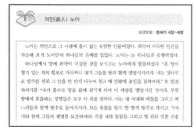

5. 한국어 해석

　본문의 중국어성경을 한국어로 해석하여 원문의 이해를 돕고자 하였다. 한국어 해석은 성경의 원뜻에 벗어나지 않도록 대한성서공회의 《성경전서 개역개정판》을 참조하여 작성하였다.

용어 설명 및 약어

1. 중국어 문장 성분

문장 성분	용어 설명
주어	문장에서 어떤 행위나 상태의 주체가 되는 성분
술어	주어의 행위나 상태, 성질 따위를 서술하는 성분
목적어	동작이나 행동의 대상 또는 목적을 나타내는 성분
관형어	주어 또는 목적어 앞에서 이들을 수식하거나 제한하는 성분
부사어	문장 맨 앞에서 전체 문장의 상황을 설명하거나, 동사 또는 형용사 술어 앞에서 술어를 수식하는 성분
보어	술어 뒤에서 정도, 결과, 방향, 가능, 동량, 시량 등으로 사용되어 술어를 보충하는 성분

2. 용어 약어

용어	약어	용어	약어
명사	명	부사	부
대명사	대	능원동사	능
동사	동	개사	개
형용사	형	조사	조
수사	수	접속사	접
양사	양	성어	성

성경 약어

구약전서 (旧约全书 Jiùyuēquánshū)					
제목	한어병음	제목	약어	약어병음	약어
创世纪	Chuàngshìjì	창세기	创	Chuàng	창
出埃及记	Chū'āijíjì	출애굽기	出	Chū	출
利未记	Lìwèijì	레위기	利	Lì	레
民数记	Mínshùjì	민수기	民	Mín	민
申命记	Shēnmìngjì	신명기	申	Shēn	신
约书亚记	Yuēshūyàjì	여호수아	书	Shū	수
士师记	Shìshījì	사사기	士	Shì	삿
路得记	Lùdéjì	룻기	得	Dé	룻
撒母耳记上	Sāmǔ'ěrjìshàng	사무엘상	撒上	Sāshàng	삼상
撒母耳记下	Sāmǔ'ěrjìxià	사무엘하	撒下	Sāxià	삼하
列王记上	Lièwángjìshàng	열왕기상	王上	Wángshàng	왕상
列王记下	Lièwángjìxià	열왕기하	王下	Wángxià	왕하
历代志上	Lìdàizhìshàng	역대상	代上	Dàishàng	대상
历代志下	Lìdàizhìxià	역대하	代下	Dàixià	대하
以斯拉记	Yǐsīlājì	에스라	拉	Lā	스
尼希米记	Níxīmǐjì	느헤미야	尼	Ní	느
以斯帖记	Yǐsītiějì	에스더	斯	Sī	에
约伯记	Yuēbójì	욥기	伯	Bó	욥
诗篇	Shīpiān	시편	诗	Shī	시
箴言	Zhēnyán	잠언	箴	Zhēn	잠
传道书	Chuándàoshū	전도서	传	Chuán	전
雅歌	Yágē	아가	歌	Gē	아
以赛亚书	Yǐsàiyàshū	이사야	赛	Sài	사
耶利米书	Yēlìmǐshū	에레미아	耶	Yē	렘
耶利米哀歌	Yēlìmǐāigē	에레미야 애가	哀	Āi	애
以西结书	Yǐxījiéshū	에스겔	结	Jié	겔
但以理书	Dànyǐlǐshū	다니엘	但	Dàn	단
何西阿书	Héxī'āshū	호세아	何	Hé	호
约珥书	Yuē'ěrshū	요엘	珥	Ěr	욜

제목	한어병음	제목	약어	약어병음	약어
阿摩司书	Āmósīshū	아모스	摩	Mó	암
俄巴底亚书	Ébādǐyàshū	오바댜	俄	É	욥
约拿书	Yuēnáshū	요나	拿	Ná	욘
弥迦书	Míjiāshū	미가	弥	Mí	미
那鸿书	Nàhóngshū	나훔	鸿	Hóng	나
哈巴谷书	Hābāgǔshū	하박국	哈	Hā	합
西番雅书	Xīpānyǎshū	스바냐	番	Pān	습
哈该书	Hàgāishū	학개	该	Gāi	학
撒迦利亚书	Sājiālìyàshū	스가랴	亚	Yà	슥
玛拉基书	Mǎlājīshū	말라기	玛	Mǎ	말

신약전서 (新约全书 Xīnyuēquánshū)					
제목	한어병음	제목	약어	약어병음	약어
马太福音	Mǎtàifúyīn	마태복음	太	Tài	마
马可福音	Mǎkěfúyīn	마가복음	可	Kě	막
路加福音	Lùjiāfúyīn	누가복음	路	Lù	눅
约翰福音	Yuēhànfúyīn	요한복음	约	Yuē	요
使徒行传	Shǐtúxíngzhuàn	사도행전	徒	Tú	행
罗马书	Luómǎshū	로마서	罗	Luó	롬
歌林多前书	Gēlínduōqiánshū	고린도전서	林前	Línqián	고전
歌林多后书	Gēlínduōhòushū	고린도후서	林后	Línhòu	고후
加拉太书	Jiālātàishū	갈라디아서	加	Jiā	갈
以弗所书	Yǐfúsuǒshū	에베소서	弗	Fú	엡
腓立比书	Féilìbǐshū	빌립보서	腓	Féi	빌
歌罗西书	Gēluóxīshū	골로새서	西	Xī	골
帖撒罗尼迦前书	Tiěsāluóníjiāqiánshū	데살로니가전서	帖前	Tiěqián	살전
帖撒罗尼迦后书	Tiěsāluóníjiāhòushū	데살로니가후서	帖后	Tiěhòu	살후
提摩太前书	Tímótàiqiánshū	디모데전서	提前	Tíqián	딤전
提摩太后书	Tímótàihòushū	디모데후서	提后	Tíhòu	딤후
提多书	Tíduōshū	디도서	多	Duō	딛
腓利门书	Féilìménshū	빌레몬서	门	Mén	몬
希伯来书	Xībóláishū	히브리서	来	Lái	히
雅各书	Yǎgèshū	야고보서	雅	Yǎ	약
彼得前书	Bǐdéqiánshū	베드로전서	彼前	Bǐqián	벧전
彼得后书	Bǐdéhòushū	베드로후서	彼后	Bǐhòu	벧후
约翰一书	Yuēhànyìshū	요한일서	约壹	Yuēyī	요일
约翰二书	Yuēhàn'èrshū	요한이서	约贰	Yuē'èr	요이
约翰三书	Yuēhànsānshū	요한삼서	约叁	Yuēsān	요삼
犹大书	Yóudàshū	유다서	犹	Yóu	유
启示录	Qǐshìlù	요한계시록	启	Qǐ	계

第1과

義人挪亚

Yìrén Nuóyà

 圣经话语: 创世记 6章~8章

挪亚是个义人，是那个时代惟一无可指摘的人。

Nuóyà shì ge yìrén, shì nà ge shídài wéiyī wú kě zhǐzhāi de rén。

在罪孽深重的人群中，只有挪亚在上帝眼前蒙恩。

Zài zuìniè shēnzhòng de rénqúnzhōng, zhǐyǒu Nuóyà zài shàngdì yǎnqián méng'ēn。

挪亚与神同行。

Nuóyà yǔ shén tóngxíng。

上帝看见人在地上罪大恶极[1]，对挪亚说："因为地上满了有血气的人的强暴，我要把他们和大地一起消灭[2]。你要用歌斐木造一只方舟，分一间

---

1) 罪大恶极: 죄악이 극도에 달하다.
2) 我要把他们和大地一起消灭。(내가 그들과 땅을 함께 멸망시킬 것이다.): '把자문'으로, '把'는 목적어를 술어 앞으로 전치시킬 때 사용한다. '把자문'은 '把' 뒤의 목적어(대상)에 가해지는 어떤 행위나 처치의 결과를 강조할 때 사용한다.

一间地造，里外涂上松香。"

Shàngdì kànjiàn rén zài dìshang zuì dà è jí, duì Nuóyà shuō: "Yīnwèi dìshang mǎn le yǒu xuèqì de rén de qiángbào, wǒ yào bǎ tāmen hé dàdì yìqǐ xiāomiè。 Nǐ yào yòng gēfěimù zào yì zhī fāngzhōu, fēn yì jiān yì jiān de zào, lǐwài túshàng sōngxiāng。"

又说："我要用洪水淹没大地，消灭天下。凡地上有气息的生物，都要死亡。你和你的妻子、儿子、媳妇都要进方舟。每种动物，一公一母，你都要带进方舟，让他们保全生命。各种飞鸟、各种动物，以及地上的昆虫，都要到你那里，才得生命。你一定要把足够的食物带上方周，供给你的一家和所有的动物。"

Yòu shuō: "Wǒ yào yòng hóngshuǐ yānmò dàdì, xiāomiè tiānxià。 Fán dìshang yǒu qìxī de shēngwù, dōu yào sǐwáng。 Nǐ hé nǐ de qīzi、 érzi、 xífù dōu yào jìn fāngzhōu。 Měi zhǒng dòngwù, yì gōng yì mǔ, nǐ dōu yào dàijìn fāngzhōu, ràng tāmen bǎoquán shēngmìng。 Gè zhǒng fēiniǎo、 gè zhǒng dòngwù yǐjí dìshang de kūnchóng dōu yào dào nǐ nàli, cái dé shēngmìng。 Nǐ yídìng yào bǎ zúgòu de shíwù dàishàng fāngzhōu, gōngjǐ nǐ de yìjiā hé suǒyǒu de dòngwù。"

于是，<u>挪亚</u>都照样行了。

Yúshì, Nuóyà dōu zhàoyàng xíng le。

上帝说："再过七天，我要降雨在地上，四十昼夜，把我所造的一切生物[3]，都从地上灭绝。"

Shàngdì shuō: "Zài guò qī tiān, wǒ yào jiàng yǔ zài dìshang, sì shí zhòuyè, bǎ wǒ suǒ zào de yíqiè shēngwù, dōu cóng dìshang mièjué。"

<u>挪亚</u>和他的妻子、儿子、媳妇都进入方舟，躲避洪水。

Nuóyà hé tā de qīzi、 érzi、 xífù dōu jìnrù fāngzhōu, duǒbì hóngshuǐ。

洁净的畜类和不洁净的畜类以及所有飞鸟和地上一切的昆虫，都是有公有母，一对一对地进方舟，正如上帝吩咐<u>挪亚</u>的那样。

Jiéjìng de chùlèi hé bù jiéjìng de chùlèi yǐjí suǒyǒu fēiniǎo hé dìshang yíqiè de kūnchóng, dōu shì yǒu gōng yǒu mǔ, yí duì yí duì de jìn fāngzhōu, zhèngrú shàngdì fēnfù Nuóyà de nàyàng。

---

3) 我所造的一切生物(내가 지은 모든 생물): '所'는 '주+所+술+的'의 형태로, 관형어로 쓰이는 주술구조의 술어 앞에 쓰여 중심어를 수식한다.

过了七天，洪水来到，淹没了大地。

Guò le qī tiān, hóngshuǐ láidào, yānmò le dàdì。

洪水泛滥在地上，四十昼夜降大雨在地上。

Hóngshuǐ fànlànzài dìshang, sì shí zhòuyè jiàng dàyǔ zài dìshang。

接连四十天，水往上涨，使方舟浮起来。

Jiēlián sì shí tiān, shuǐ wǎng shàng zhǎng, shǐ fāngzhōu fúqǐlái。

方舟在水面上浮来浮去，高山和山岭都淹没了。

Fāngzhōu zài shuǐmiànshàng fúlái fúqù, gāoshān hé shānlǐng dōu yānmò le。

地上所有生物都死了，活下来的就只有挪亚和那些跟他一起在方舟里的。

dìshang suǒyǒu shēngwù dōu sǐ le, huóxiàlái de jiù zhǐyǒu Nuóyà hé nà xiē gēn tā yìqǐ zài fāngzhōulǐ de。

过了许多日，挪亚开了方舟的窗户，放出一只乌鸦，乌鸦飞来飞去，直到地上的水都干了。

Guò le xǔduō rì, Nuóyà kāi le fāngzhōu de chuānghu, fàngchū yì zhī wūyā, wūyā fēilái fēiqù, zhídào dìshang de shuǐ dōu gān le。

他又放出一只鸽子，要看看洪水退去了没有。

Tā yòu fàngchū yì zhī gēzi, yào kànkan hóngshuǐ tuìqù le méi yǒu。

但遍地都是水，鸽子找不着落脚的地方，就回到方舟，挪亚伸手把鸽子接到方舟。

Dàn biàndì dōu shì shuǐ, gēzi zhǎobuzháo luòjiǎo de dìfang, jiù huídào fāngzhōu, Nuóyà shēnshǒu bǎ gēzi jiēdào fāngzhōu。

他又等了七天，再次把鸽子放出去。

Tā yòu děng le qī tiān, zàicì bǎ gēzi fàngchūqù。

到了晚上，鸽子回到他那里，嘴里叼着[4]一个新鲜的橄榄叶子，挪亚就知道洪水已差不多退去了。

Dào le wǎnshang, gēzi huídào tā nàli, zuǐlǐ diāo zhe yí ge xīnxiǎn de gǎnlǎn yèzi, Nuóyà

---

4) 叼着: '着'는 동작의 지속 및 동작 그대로의 모습으로 있는 상태를 나타내는 동태조사이다.

jiù zhīdao hóngshuǐ yǐ chàbuduō tuìqù le。

他再等了七天，把鸽子放出去，这一次鸽子就不再回来了。

Tā zài děng le qī tiān, bǎ gēzi fàngchūqù, zhè yí cì gēzi jiù bú zài huílái le。

挪亚打开方舟的顶盖，看见地面变干了。

Nuóyà dǎkāi fāngzhōu de dǐnggài, kànjiàn dìmiàn biàngān le。

于是，挪亚和他的妻子、儿子、儿息都离了方周，所有的大小动物和飞鸟也一对一对地从方舟里出来。

Yúshì, Nuóyà hé tā de qīzi、érzi、érxī dōu lí le fāngzhōu, suǒyǒu de dàxiǎo dòngwù hé fēiniǎo yě yí duì yí duì de cóng fāngzhōulǐ chūlái。

挪亚为耶和华筑了一座祭坛，拿各类洁净的动物和飞鸟献为燔祭。

Nuóyà wèi Yēhéhuá zhù le yí zuò jìtán, ná gè lèi jiéjìng de dòngwù hé fēiniǎo xiànwéi fánjì。

耶和华闻到那馨香的气味，就心里说："我绝不再因为人的缘故诅咒土地，也不再消灭所有的生物了。"

Yēhéhuá wéndào nà xīnxiāng de qìwèi, jiù xīnli shuō: "Wǒ jué bú zài yīnwèi rén de yuángù zǔzhòu tǔdì, yě bú zài xiāomiè suǒyǒu de shēngwù le。"

生词

罪孽	zuìniè	명	죄업, 고통, 괴로움
深重	shēnzhòng	형	매우 심하다, 대단하다
上帝	shàngdì	명	하나님
蒙恩	méng'ēn	동	은혜를 입다
义人	yìrén	명	의인
惟一	wéiyī	형	유일한, 하나밖에 없는, 유일무이한
指摘	zhǐzhāi	명 / 동	지적(하다), 탓하다
同行	tóngxíng	동	동행하다
血气	xuèqì	명	혈기
强暴	qiángbào	형	난폭하다, 포악하다
消灭	xiāomiè	동	없애다, 멸하다, 소멸시키다
歌斐木	gēfěimù	명	잣나무
造	zào	동	만들다
方舟	fāngzhōu	명	방주
间	jiān	양	칸(방을 세는 양사)
涂	tú	동	칠하다, 바르다
松香	sōngxiāng	명	송진(방수제 역할을 함)
洪水	hóngshuǐ	명	홍수
淹没	yānmò	동	잠기다
气息	qìxī	명	호흡, 숨, 숨결
生物	shēngwù	명	생물
死亡	sǐwáng	동	죽다, 사망하다
妻子	qīzi	명	처, 아내
儿子	érzi	명	아들
媳妇	xífù	명	며느리
保全	bǎoquán	동	보전하다
生命	shēngmìng	명	생명

以及	yǐjí	접	및, 그리고, 아울러
昆虫	kūnchóng	명	곤충
食物	shíwù	명	음식물
供给	gōngjǐ	명 / 동	공급(하다), 제공(하다)
于是	yúshì	접	그래서, 그리하여, 이리하여
照样	zhàoyàng	부	그대로, 변함없이
降雨	jiàngyǔ	동	비가 내리다, 비를 내리다
昼夜	zhòuyè	명	낮과 밤
灭绝	mièjué	동	멸절하다, 완전히 제거하다
躲避	duǒbì	동	피하다, 숨다, 비키다
洁净	jiéjìng	형	정결하다, 깨끗하다, 청결하다
畜类	chùlèi	명	가축류
一切	yíqiè	명 / 형	일체, 온갖 것, 일체의, 모든
公	gōng	명	(동물의) 수컷
母	mǔ	명	(동물의) 암컷
接连	jiēlián	동	연거푸 하다, 연잇다, 연속하다
泛滥	fànlàn	동	범람하다
涨	zhǎng	동	붇다, 팽창하다
浮	fú	동	뜨다, 띄우다
山岭	shānlǐng	명	산봉우리
放	fàng	동	놓아주다, 풀어주다
乌鸦	wūyā	명	까마귀
遍地	biàndì	명	도처, 곳곳
鸽子	gēzi	명	비둘기
找不着	zhǎobuzháo	동	찾을 수 없다
落脚	luòjiǎo	동	발을 내딛다, 착지하다
伸手	shēnshǒu	동	손을 뻗다
嘴	zuǐ	명	입
叼	diāo	동	입에 물다
橄榄	gǎnlǎn	명	감람(올리브)나무

叶子	yèzi	명	잎사귀
顶盖	dǐnggài	명	덮개, 윗뚜껑
干	gān	동	마르다, 건조하다
筑	zhù	동	건축하다
祭坛	jìtán	명	제단
献	xiàn	동	바치다, 드리다, 올리다
燔祭	fánjì	명	번제(구약시대에 짐승을 통째로 구워 제물로 바치던 제사)
闻	wén	동	냄새를 맡다
馨香	xīnxiāng	명	향기
气味	qìwèi	명	냄새
缘故	yuángù	명	연고, 원인, 이유
诅咒	zǔzhòu	명 / 동	저주(하다)

고유명사

| 挪亚 | Nuóyà | 인명 | 노아(의인의 상징으로 하나님으로부터 다시는 자연을 재해로 멸하지 않겠다는 언약을 받음) |
| 耶和华 | Yēhéhuá | 칭호 | 여호와(하나님의 칭호) |

어휘풀이

1 惟一 　형　유일한, 하나밖에 없는, 유일무이한

> 挪亚是个义人，是那个时代惟一无可指摘的人。
>
> Nuóyà shì ge yìrén, shì nà ge shídài wéiyī wú kě zhǐzhāi de rén。
>
> 노아는 의인으로 그 시대에 유일한 흠이 없는 인물이었다.

❖ 어휘설명

'惟一'는 형용사로, 오직 그 하나만 있어서 유일무이한 상태를 강조한다. 일반적으로 명사를 수식하는 관형어로 사용되고, 술어나 부사어로는 사용되지 않는다. 중첩하여 사용할 수 없고, '唯一'로도 쓴다.

❖ 예문

➤ 她是我们班惟一的一个女孩子。

➤ 学好汉语惟一的方法就是多听、多说、多写。

➤ 我在新的一年里惟一的希望就是买一辆汽车。

2 照样 　부　그대로, 변함없이, 예전처럼

> 于是，挪亚都照样行了。
>
> Yúshì, Nuóyà dōu zhàoyàng xíng le。
>
> 그리하여 노아는 모두 그대로 실행하였다.

❖ 어휘설명

'照样'은 모양이나 상황 등이 이전과 달라진 것이 없이 그대로임을 나타낸다. 주로 부사어로 사용되어 술어를 수식한다.

❖ 예문

➤ 孩子的裤子破了一个小洞，补一补照样可以穿。

➤ 外面吵得再凶，他照样睡觉。

➤ 她生病了，可是照样去上学。

'견본대로', '양식대로'의 의미를 나타내기도 한다.

➤ 照样给我来一份套餐。

3 …来…去 (끊임없이) 왔다갔다 하다, …하곤 하다

方舟在水面上浮来浮去，高山和山岭都淹没了。

Fāngzhōu zài shuǐmiànshàng fúlái fúqù, gāoshān hé shānlǐng dōu yānmò le.

방주가 물 위를 떠다니고, 높은 산과 산봉우리들이 모두 물에 잠기었다.

❖ 어휘설명

'…来…去'는 같은 동사 또는 같은 뜻을 지닌 두개의 동사 뒤에 쓰여 동작이 끊임없이 반복됨을 나타낸다.

❖ 예문5)

➤ 蝴蝶在花园里飞来飞去。

➤ 我想来想去，还是你最好。

➤ 说来说去，还是剩我一个。

➤ 他在火车站看来看去仍不见女儿的身影，显得很着急。

4 一对(儿) 명 한 쌍

一对一对地进方舟。

Yí duì yí duì de jìn fāngzhōu.

한 쌍씩 방주로 들어가다.

---

5) 예: 跑来跑去 / 游来游去 / 数来数去 / 写来写去 / 换来换去 / 跳来跳去

❖ 어휘설명

'一对'는 단독으로 존재할 수 있는 사람이나 사물이 후천적으로나 인위적으로 짝을 이룬 것을 일컫는다.

❖ 예문

➤ 他俩是天生的一对儿。

➤ 这一对情侣有缘无分，难以相聚。

➤ 这一对同床异梦的夫妻，看来很难白头到老。

➤ 桌子上有一对花瓶。

5 …不着   …할 수 없다, …하지 못하다.

遍地都是水，鸽子找不着落脚的地方。
Biàndì dōu shì shuǐ, gēzi zhǎobuzháo luòjiǎo de dìfang
온 땅이 물에 잠기어 있어 비둘기가 발 디딜 곳을 찾지 못하였다.

❖ 어휘설명

'…不着'는 동사 뒤에 놓여 어떠한 행위나 동작의 목적을 이루지 못하거나 이룰 수 없을 때에 사용한다. 긍정형식은 '동사+得着'이다.[6]

❖ 예문

➤ 我个子矮，够不着。

➤ 爱是摸不着的，但你却能感到她带来的甜蜜。

➤ 一觉醒来睡不着了。

➤ 我的钱包怎么也找不着。

---

6) 예: 够得着 / 摸得着 / 找得着 / 睡得着 / 猜得着 / 用得着 / 借得着

말씀 묵상하기

在罪孽深重的人群中，只有挪亚在上帝眼前蒙恩。挪亚与神同行。

(创 6:8-9)

Zài zuìniè shēnzhòng de rénqúnzhōng, zhǐyǒu Nuóyà zài shàngdì yǎnqián méng'ēn。 Nuóyà yǔ shén tóngxíng。

耶和华闻到那馨香的气味，就心里说："我绝不再因人的缘故诅咒土地，也不再消灭所有的生物了。"

(创 8:21)

Yēhéhuá wéndào nà xīnxiāng de qìwèi, jiù xīnli shuō: "Wǒ jué bú zài yīn rén de yuángù zǔzhòu tǔdì, yě bú zài xiāomiè suǒyǒu de shēngwù le。"

의인(義人) 노아

성경말씀: 창세기 6장~8장

노아는 의인으로 그 시대에 유일한 흠이 없는 인물이었다. 죄악이 가득한 인간들 가운데 오직 노아만이 하나님의 은혜를 입었다. 노아는 늘 하나님과 동행하였다.

하나님께서 땅에 죄악이 극심한 것을 보시고는 노아에게 말씀하셨다. "온 땅이 혈기 있는 자의 횡포로 가득하니 내가 그들을 땅과 함께 멸망시키리라. 너는 잣나무로 방주를 짓되 그 안을 한 칸씩 나누어 짓고 배 안팎에 송진을 칠하여라." 또 말씀하시기를 "내가 홍수로 땅을 물에 잠기게 하여 이 세상을 멸망시킬 것이다. 무릇 땅에서 호흡하는 생명들은 모두 다 죽을 것이다. 너는 네 아내와 아들들 그리고 며느리들과 함께 방주로 들어가거라. 모든 동물을 암수 한 쌍씩 방주로 데리고 가서 너와 함께 그들의 생명을 보존하여라. 각종 새와 동물들 그리고 땅 위의 각종 곤충은 너에게로 가야만 생명을 얻을 수 있다. 너는 충분한 식량을 방주로 가져가서 너의 가족과 모든 동물에게 공급해 주어라." 하셨다. 이에 노아는 모두 그대로 실행하였다.

하나님께서 말씀하셨다. "칠 일이 지나면 내가 사십일 밤낮으로 땅에 비를 내려 내가 지은 모든 생물을 이 땅에서 쓸어버리리라." 노아가 그의 아내와 아들들과 며느리들과 함께 홍수를 피하고자 방주로 들어갔다. 또 하나님께서 노아에게 명령하신 바와 같이 정결한 짐승과 부정한 짐승 및 각종 새와 땅의 모든 곤충이 암수 한 쌍씩 노아가 있는 방주로 들어갔다.

칠 일이 지나자 홍수가 나서 땅이 물에 잠기었다. 땅에 홍수가 범람하고 사십일 밤낮 동안 비가 계속 쏟아졌다. 홍수가 사십일 동안 계속되자 물이 불어나서 방주가 땅에서 떠올랐다. 방주가 물 위로 떠다니고 높은 산과 산봉우리들이 모두 물에 잠기었다. 그리하여 땅의 모든 생물은 다 죽고, 단지 노아와 그와 함께 방주 안에 있던 생물들만이 살아남았다.

수많은 날이 지나고, 노아가 방주의 창을 열어 까마귀 한 마리를 놓아주자 까마귀가 땅의 물이 마를 때까지 날아다녔다. 노아가 다시 비둘기를 풀어주어 땅에 물이 빠졌는지 알아보려 하였다. 온 땅이 물에 잠기어 있어 비둘기가 머물 곳을 찾지 못하고 방주로 돌아오자, 노아는 손을 내밀어 비둘기를 방주 안으로 맞아들였다.

또 칠 일을 기다려 다시 비둘기를 날려 보냈다. 저녁때가 되어 비둘기가 입에 올리브 새잎사귀를 물고 노아에게 돌아오자, 노아는 땅에 물이 거의 빠진 것을 알게 되었다. 다시 칠 일을 기다려서 비둘기를 놓아주자, 이번에는 비둘기가 다시 돌아오지 않았다. 노아가 방주의 뚜껑을 열고 보니 땅에 물이 말라있었다. 그리하여 노아는 그의 아내와 아들 그리고 며느리들과 함께 방주에서 나왔고, 크고 작은 모든 동물들과 새들도 쌍을 지어 방주에서 나왔다.

노아가 여호와를 위하여 제단을 쌓고 각종 깨끗한 짐승들과 새들로 번제를 드렸다. 여호와께서 그 향기를 맡으시고 속으로 말씀하시기를 "내가 다시는 사람으로 인하여 땅을 저주하지 않을 것이며, 또한 다시는 모든 생물을 멸망시키지 않겠노라." 하셨다.

MEMO

击败歌利亚的大卫

Gībài Gēlìyà de Dàwèi

 圣经话语: 撒母耳记上 17章~18章

非利士人召集他们的军队要作战。

Fēilìshìrén zhàojí tāmen de jūnduì yào zuòzhàn.

于是，扫罗召集以色列军队，摆列队伍，要与非利士人打仗。

Yúshì, Sǎoluó zhàojí Yǐsèliè jūnduì, bǎiliè duìwu, yào yǔ Fēilìshìrén dǎzhàng.

非利士人和以色列人在两个山岗上相互对峙，中间隔着一个山谷。

Fēilìshìrén hé Yǐsèlièrén zài liǎng ge shāngǎngshàng xiānghù duìzhì, zhōngjiàn gé zhe yí ge shāngǔ.

从非利士营中出来一个讨战的人，名叫歌利亚，他身高3米，头戴铜盔，身穿铠甲。

Cóng Fēilìshì yíngzhōng chūlái yí ge tǎozhàn de rén, míng jiào Gēlìyà, tā shēngāo sān mǐ, tóu dài tóngkuī, shēn chuān kǎijiǎ.

<u>歌利亚</u>对着[7]<u>以色列</u>的军队呼叫说: "你们为什么全部出来作战呢? 从你们当中选一个人, 使他到我这里来, 跟我对阵吧。如果他把我杀了, 我们就作你们的仆人。但如果我把他杀了, 你们就要作我们的仆人。"

Gēlìyà duì zhe Yǐsèliè de jūnduì hūjiào shuō: "Nǐmen wèishénme quánbù chūlái zuòzhàn ne? Cóng nǐmen dāngzhōng xuǎn yì ge rén, shǐ tā dào wǒ zhèli lái, gēn wǒ duìzhèn ba。Rúguǒ tā bǎ wǒ shā le, wǒmen jiù zuò nǐmen de púrén。Dàn rúguǒ wǒ bǎ tā shā le, nǐmen jiù yào zuò wǒmen de púrén。"

<u>扫罗</u>和<u>以色列</u>众人听见<u>非利士人</u>的这些话, 就极其害怕。

Sǎoluó hé Yǐsèliè zhòngrén tīngjiàn Fēilìshìrén de zhè xiē huà, jiù jíqí hàipà。

<u>耶西</u>有八个儿子, <u>耶西</u>的三个儿子跟随<u>扫罗</u>出征。

Yēxī yǒu bā ge érzi, Yēxī de sān ge érzi gēnsuí Sǎoluó chūzhēng。

<u>大卫</u>[8]是<u>耶西</u>最小的儿子, 放他父亲的羊。

Dàwèi shì Yēxī zuì xiǎo de érzi, fàng tā fùqīn de yáng。

有一天, <u>耶西</u>对<u>大卫</u>说: "你带上烤麦子和十块饼, 快给你哥哥们送去。再去看看哥哥们的情况如何, 然后回来告诉我。"

Yǒu yì tiān, Yēxī duì Dàwèi shuō : "Nǐ dàishang kǎomàizi hé shí kuài bǐng, kuài gěi nǐ gēgemen sòngqù。Zài qù kànkan nǐ gēgemen de qíngkuàng rúhé, ránhòu huílái gàosu wǒ。"

<u>大卫</u>到了军营, <u>歌利亚</u>从<u>非利士</u>队中出来, 说从前所说的话, <u>大卫</u>都听见了。

Dàwèi dào le jūnyíng, Gēlìyà cóng Fēilìshì duìzhōng chūlái, shuō cóngqián suǒ shuō de huà, Dàwèi dōu tīngjiàn le。

<u>以色列</u>众人看见那个人, 就吓得要逃跑。

Yǐsèliè zhòngrén kànjiàn nà ge rén, jiù xià de yào táopǎo。

<u>大卫</u>问站在旁边的人说: "有人杀这<u>非利士</u>人, 除掉<u>以色列</u>人的耻辱, 怎样待他呢?"

---

7) 对着: '对'는 '향하다'는 의미의 동사로, 항상 '着'를 수반하다.

8) 大卫(다윗): 이스라엘 왕국의 제2대 왕으로 이스라엘 전체를 하나로 통일한 인물이다. 다윗은 베들레헴에 살고 있던 이새의 막내아들로 원래는 양치는 목동이었다. 그는 이스라엘의 초대 왕 사울의 보좌관으로 공적활동을 시작하게 되고, 블레셋인 골리앗과의 싸움에서 승리하여 백성들의 인기를 얻게 된다. 후에 사울이 죽자 이스라엘의 왕으로 추대된다.

Dàwèi wèn zhànzài pángbiān de rén shuō: "Yǒu rén shā zhè Fēilìshìrén, chúdiào yǐsèlièrén de chǐrǔ, zěnyàng dài tā ne?"

百姓回答说: "有人能杀他的, 王必赏赐他大财, 并要把自己的女儿嫁给他。"

Bǎixìng huídá shuō: "Yǒu rén néng shā tā de, wáng bì shǎngcì tā dàcái, bìng yào bǎ zìjǐ de nǚ'ér jiàgěi tā."

有人把大卫的话向扫罗报告, 王就派人把大卫叫来。

Yǒu rén bǎ Dàwèi de huà xiàng Sǎoluó bàogào, wáng jiù pài rén bǎ Dàwèi jiàolái.

大卫对扫罗说: "不要因这个非利士人担心。我要去跟他战斗。"

Dàwèi duì sǎoluó shuō: "Bú yào yīn zhè ge Fēilìshìrén dānxīn。Wǒ yào qù gēn tā zhàndòu。"

扫罗对大卫说: "你不可能打败这个非利士人! 因为你不过是个孩子, 而他从小就是个战士。"

Sǎoluó duì Dàwèi shuō: "Nǐ bù kěnéng dǎbài zhè ge Fēilìshìrén。Yīnwéi nǐ búguò shì ge háizi, ér tā cóng xiǎo jiù shì ge zhànshì。"

大卫对扫罗说: "我为父亲放羊, 有狮子或熊, 到羊群偷羊羔时, 我就拿一根棍子去追赶, 把羊羔从它口里救出来。它要是攻击我, 我就抓住它的胡子, 用棍子打死它。"

Dàwèi duì Sǎoluó shuō: "Wǒ wèi fùqīn fàng yáng, yǒu shīzi huò xióng, dào yángqún tōu yánggāo shí, wǒ jiù ná yì gēn gùnzi qù zhuīgǎn, bǎ yánggāo cóng tā kǒulǐ jiùchūlái。Tā yàoshi gōngjī wǒ, wǒ jiù zhuāzhu tā de húzi, yòng gùnzi dǎsǐ tā。"

又说: "耶和华救我脱离狮子和熊的爪, 也必救我脱离这非利士人的手。"

Yòushuō: "Yēhéhuá jiù wǒ tuōlí shīzi hé xióng de zhuǎ, yě bì jiù wǒ tuōlí zhè Fēilìshìrén de shǒu。"

扫罗终于同意了, 说: "你可以去。耶和华必与你同在。"

Sǎoluó zhōngyú tóngyì le, shuō: "Nǐ kěyǐ qù。Yēhéhuá bì yǔ nǐ tóngzài。"

扫罗就把自己的铜盔和铠甲给了大卫。大卫穿起盔甲, 佩上宝剑, 走了两步, 看看感觉如何, 毕竟他从来[9]没有穿过这样的东西。

---

9) 从来: '여태껏', '지금까지'의 의미를 나타내는 부사로, 과거부터 현재까지 줄곧 그러하다는 뜻을 나타낸다. 주로 부정문에 쓰인다. (예: 这种事我从来没听说过。이런 일을 나는 여태까지 들어본 적이 없다.)

Sǎoluó jiù bǎ zìjǐ de tóngkuī hé kǎijiǎ gěi le dàwèi. Dàwèi chuānqǐ kuījiǎ, pèishang bǎojiàn, zǒu le liǎng bù, kànkan gǎnjué rúhé, bìjìng tā cónglái méi yǒu chuān guò zhèyàng de dōngxi.

他向扫罗说: "我不习惯穿这些东西。穿在身上我就走不动了。"

Tā xiàng sǎoluó shuō: "Wǒ bù xíguàn chuān zhè xiē dōngxi. Chuānzài shēnshang wǒ jiù zǒubudòng le。"

于是脱下了，手中拿仗，又在溪中挑选了五块光滑石子，放在袋子里。

Yúshì tuōxià le, shǒuzhōng ná zhàng, yòu zài xīzhōng tiāoxuǎn le wǔ kuài guānghuá shízǐ, fàngzài dàizilǐ.

大卫只带上牧羊的仗和投石器的武器，就去迎那个非利士人。

Dàwèi zhǐ dàishang mùyáng de zhàng hé tóushíqì de wǔqì, jiù qù yíng nà ge Fēilìshìrén.

那个非利士人也渐渐向大卫走来，替他拿盾牌的人走在他前头。

Nà ge Fēilìshìrén yě jiànjiàn xiàng Dàwèi zǒulái, tì tā ná dùnpái de rén zǒuzài tā qiántóu.

歌利亚看见大卫，就藐视他，对大卫说: "你拿一根棍子来对付我，难道10)我是一条狗吗？"

Gēlìyà kànjiàn Dàwèi, jiù miǎoshì tā, duì Dàwèi shuō: "Nǐ ná yì gēn gùnzi lái duìfu wǒ, nándào wǒ shì yì tiáo gǒu ma?"

他还用自己神明的名字诅咒大卫。

Tā hái yòng zìjǐ de shénmíng de míngzi zǔzhòu Dàwèi.

又说: "过来吧。我要把你的肉给空中的飞鸟和野兽吃。"

Yòu shuō: "guòlái ba。Wǒ yào bǎ nǐ de ròu gěi kōngzhōng de fēiniǎo hé yěshòu chī。"

大卫对歌利亚说: "你带着刀剑、长矛、标枪来攻击我，我却是奉万军之耶和华的名来攻击你。"

Dàwèi duì Gēlìyà shuō: "Nǐ dài zhe dāojiàn、chángmáo、biāoqiāng lái gōngjī wǒ, wǒ què shì fèng wànjūn zhī Yēhéhuá de míng lái gōngjī nǐ。"

歌利亚走近大卫，要攻击他，大卫从袋子中拿出一块石子来，用投石

---

10) '难道'는 '吗', '不成' 등과 호응하여 반문의 어기를 강조하는 문장에 쓰인다.(예: 难道你还不知道吗？ 설마 아직 모르는 건 아니겠지?)

器把石子使劲甩出去。

　　Gēlìyà zǒujìn Dàwèi yào gōngjī tā, Dàwèi cóng dàizizhōng náchū yí kuài shízǐ lái, yòng tóushíqì bǎ shízǐ shǐjìn shuǎichūqù.

石子打中<u>歌利亚</u>的额头，他就仆倒在地上。

Shízǐ dǎzhòng Gēlìyà de étóu, tā jiù pūdǎozài dìshang。

<u>大卫</u>跑去，将[11]<u>歌利亚</u>的刀拔出来，杀死他，并割下了他的头，<u>非利士</u>众人看见他们的勇士死了，就转身逃跑。

Dàwèi pǎoqù, jiāng Gēlìyà de dāo báchūlái, shāsǐ tā, bìng gēxià le tā de tóu, Fēilìshì zhòngrén kànjiàn tāmen de yǒngshì sǐ le, jiù zhuǎnshēn táopǎo.

　　就这样，<u>大卫</u>只用了一个投石器和一块石子，就战胜了那个<u>非利士</u>人。

　　Jiù zhèyàng, Dàwèi zhǐ yòng le yí ge tóushíqì hé yí kuài shízǐ, jiù zhànshèng le nà ge Fēilìshìrén.

<u>以色列</u>人和<u>犹大</u>人都高声欢呼胜利。

Yǐsèlièrén hé Yóudàrén dōu gāoshēng huānhū shènglì.

<u>大卫</u>杀死<u>歌利亚</u>回来以后，军队的指挥官<u>押尼珥</u>立刻把他带到<u>扫罗</u>面前，他手上还拿着那个<u>非利士</u>人的头。

Dàwèi shāsǐ Gēlìyà huílái yǐhòu, jūnduì de zhǐhuīguān Yāní'ěr lìkè bǎ tā dàidào Sǎoluó miànqián, tā shǒushàng hái ná zhe nà ge Fēilìshìrén de tóu.

<u>扫罗</u>问他说：“少年人哪，你是谁的儿子？”

Sǎoluó wèn tā shuō: "Shàoniánrén na, nǐ shì shéi de érzi?"

<u>大卫</u>回答：“我是<u>伯利恒</u>人<u>耶西</u>的儿子。”

Dàwèi huídá: "Wǒ shì Bólìhéngrén Yēxi de érzi."

从那天起，<u>扫罗</u>把<u>大卫</u>留在身边，不让他回家。

Cóng nà tiān qǐ, Sǎoluó bǎ Dàwèi liúzài shēnbiān, bú ràng tā huíjiā.

---

11) '将'은 개사로 '把'와 같이 목적어를 술어 앞으로 전치시킬 때 사용한다.

生词

召集	zhàojí	동	불러 모으다, 소집하다
军队	jūnduì	명	군대
摆列	bǎiliè	동	진열하다, 배치하다, 배열하다
队伍	duìwu	명	군대, 대오, 대열
山岗	shāngǎng	명	작은 산, 언덕, 산비탈
对峙	duìzhì	동	대치하다, 서로 맞서다
隔	gé	동	사이를 두다, 떨어져 있다
山谷	shāngǔ	명	산골짜기
打仗	dǎzhàng	동	전쟁하다
讨战	tǎozhàn	동	싸움을 초래하다
身高	shēngāo	명	키
戴	dài	동	착용하다, 쓰다
铜盔	tóngkuī	명	동으로 된 투구
铠甲	kǎijiǎ	명	갑옷
呼叫	hūjiào	동	외치다
选	xuǎn	동	고르다, 선거하다
对阵	duìzhèn	동	대진하다, 맞붙다
如果	rúguǒ	접	만약, 만일
战斗	zhàndòu	명/동	전투(하다)
杀死	shāsǐ	동	죽이다
仆人	púrén	명	하인
极其	jíqí	부	매우, 지극히
害怕	hàipà	동	겁내다, 두려워하다, 무서워하다
跟随	gēnsuí	동	뒤따르다, 따라가다
出征	chūzhēng	동	출정하다, 나가서 싸우다
烤麦子	kǎomàizi	명	볶은 곡식, 보리구이
饼	bǐng	명	떡

如何	rúhé	대	어떻게, 어떠한가
然后	ránhòu	접	그러한 후에, 그리고 나서
军营	jūnyíng	명	병영, 군영
众人	zhòngrén	명	무리, 군중
逃跑	táopǎo	동	도망치다
除掉	chúdiào	동	제거하다
耻辱	chǐrǔ	명	치욕
赏赐	shǎngcì	동	상을 주다, 하사하다
大财	dàcái	명	부자, 돈더미
嫁	jià	동	시집가다, 시집보내다
报告	bàogào	동	보고하다, 진술하다
派	pài	동	파견하다
战士	zhànshì	명	전사, 용사
根	gēn	양	가늘고 긴 것을 세는 데 쓰임
棍子	gùnzi	명	막대기, 몽둥이
狮子	shīzi	명	사자
熊	xióng	명	곰
偷	tōu	동	훔치다
羊羔	yánggāo	명	어린 양
追赶	zhuīgǎn	동	뒤쫓다
救	jiù	동	구하다
要是	yàoshi	접	만일 …이라면, 만약 …하면
攻击	gōngjī	명 / 동	공격(하다), 비난(하다)
抓住	zhuāzhu	동	붙잡다, 움켜잡다, 틀어쥐다
胡子	húzi	명	수염
脱离	tuōlí	동	벗어나다, 이탈하다, 관계를 끊다
爪	zhuǎ	명	(짐승의) 발톱
铜盔	tóngkuī	명	(동으로 된) 투구
铠甲	kǎijiǎ	명	갑옷
佩	pèi	동	(허리에) 차다, (가슴에) 달다

宝剑	bǎojiàn	명	보검, 검의 통칭
毕竟	bìjìng	부	필경, 드디어, 결국
走不动	zǒubudòng	동	걷지 못하다, 걸을 수가 없다
脱	tuō	동	벗다, 제거하다
溪	xī	명	시내
光滑	guānghuá	형	매끄럽다, 반들반들하다
袋子	dàizi	명	주머니
投石器的武器	tóushíqì de wǔqì	명	물매
迎	yíng	동	맞이하다, 영접하다
渐渐	jiànjiàn	부	점점
盾牌	dùnpái	명	방패
藐视	miǎoshì	동	얕보다
对付	duìfu	동	대응하다, 대처하다, 맞서다
难道	nándào	부	그래 ~란 말인가?, 설마…하겠는가?
野兽	yěshòu	명	야수, 들짐승
刀剑	dāojiàn	명	큰 칼, 검
矛	máo	명	창(무기의 하나)
标枪	biāoqiāng	명	투창, 표창
奉	fèng	동	받들다, 추대하다
急速	jísù	형	몹시 빠르다, 쏜살같다
使劲	shǐjìn	동	힘을 쓰다
甩	shuǎi	동	내던지다, 흔들다
额头	étóu	명	이마
仆倒	pūdǎo	동	넘어지다
伏	fú	동	엎드리다
拔	bá	동	뽑다, 빼다
勇士	yǒngshì	명	용사
战胜	zhànshèng	동	싸워 이기다, 승리를 거두다
欢呼	huānhū	동	환호하다
胜利	shènglì	명 / 동	승리(하다)

고유명사

歌利亚	Gēlìyà	인명	골리앗(성경에 나오는 BC.11세기 경 다윗에게 죽은 블레셋의 거인)
大卫	Dàwèi	인명	다윗(고대 이스라엘 왕국의 제2대 왕으로, 이스라엘 역사에서 가장 위대한 왕으로 칭송됨)
扫罗	Sǎoluó	인명	사울(이스라엘 왕국의 초대 왕)
以色列	Yǐsèliè	지명	이스라엘
非利士	Fēilìshì	지명	블레셋(팔레스타인)
押尼珥	Yāní'ěr	인명	아브넬(사울 군대의 군사령관)
伯利恒	Bólìhéng	지명	베들레헴(예루살렘 남쪽에 위치한 도시)
耶西	Yēxī	인명	이새(다윗 왕의 아버지)

어휘풀이

1 要是 접 …하면, 만일 …이라면,

> 它**要是**攻击我，我就抓住它的胡子，用棍子打死它。
>
> Tā yàoshi gōngjī wǒ, wǒ jiù zhuāzhu tā de húzi, yòng gùnzi dǎsǐ tā.
>
> 그것들이 나를 공격하면 나는 그 턱수염을 잡고 몽둥이로 그것들을 쳐 죽였습니다.

❖ 어휘설명

'要是'는 접속사로 가정된 일이나 상황, 조건을 나타내며, 종종 '…的话'와 같이 사용된다. '如果', '假如'와 같은 의미이며 주로 회화체에서 사용한다.

❖ 예문

➢ 要是天气不好，我就不走。

➢ 要是有什么事不能来了，就事先¹²⁾来个电话。

➢ 走路去最好，要是来得及¹³⁾的话。

2 攻击 명 / 동 공격, 비난 / 공격하다, 비난하다

> 你带着刀剑、长矛、标枪来**攻击**我，我却是奉万军之<u>耶和华</u>的名来攻击你。
>
> Nǐ dài zhe dāojiàn、chángmáo、biāoqiāng lái gōngjī wǒ, wǒ què shì fèng wànjūn zhī Yēhéhuá de míng lái gōngjī nǐ.
>
> 너는 칼과 창으로 나를 공격하지만, 나는 만군의 여호와의 이름으로 너를 공격하노라.

❖ 어휘설명

'攻击'는 적을 공격하거나, 말로 상대편을 비난 또는 반박하다의 의미를 나타낸

---

12) 事先: 사전에, 미리
13) 来得及: 늦지 않다, 시간 내에 다다르다

다. 주어, 술어, 목적어, 관형어로 사용된다.

❖ 예문

> 这种恶意攻击是毫无根据的。

> 你怎么能用这种语调攻击你的同学?

> 连续攻击了几次，都没有成功。

> 敌人攻击的方法是多种多样的。

3 脱离 图 벗어나다, 이탈하다, 떠나다, 관계를 끊다

耶和华救我脱离狮子和熊的爪，也必救我脱离这非利士人的手。

Yēhéhuá jiù wǒ tuōlí shīzi hé xióng de zhuǎ, yě bì jiù wǒ tuōlí zhè Fēilìshìrén de shǒu。

여호와께서 나를 사자와 곰의 발톱에서 구해내셨으니 반드시 나를 이 블레셋 사람의 손에서도 구해내실 것입니다.

❖ 어휘설명

'脱离'는 어떠한 상황이나 환경에서 벗어나거나 모종의 관계를 끊는 것을 의미한다. 술어, 목적어, 관형어로 사용되고, 술어로 쓰일 때는 명사와 형용사를 목적어로 취한다. 중첩하여 사용할 수 없으며, '了', '过'와 같이 사용할 수 있다. 또한 보어와 결합하여 사용할 수 있다.

❖ 예문

> 耶和华这样拯救以色列人脱离埃及人的手。

> 病人终于脱离了危险。

> 他小时候，就和父母脱离关系了。

> 在工作上我们脱离不了群众。

4 동사+不+动 ~할 수 없다

> 我不习惯穿这些东西。穿在身上我就走不动了。
>
> Wǒ bù xíguàn chuān zhè xiē dōngxi。Chuānzài shēnshang wǒ jiù zǒubúdòng le。
>
> 저는 이런 것을 입는 것이 익숙지 않습니다. 이것을 입으면 걸을 수가 없습니다.

❖ **어휘설명**

'동사+不+动'은 가능보어의 부정형식으로, 긍정형식은 '동사+得+动'이다. '동사+不+动'은 동작이 불가능한 결과를 나타내어 '~할 수 없다'의 의미를 지닌다.

❖ **예문**

➤ 我累得再也走不动了。

➤ 这张桌子我一个人搬不动。

➤ 这个东西太重了，小孩拿不动。

➤ 菜太多了，他一个人吃不动。

5 光滑 🔲 형 매끄럽다, 반들반들하다.

> 大卫手中拿仗，又在溪中挑选了五块光滑石子，放在袋子里。
>
> Dàwèi shǒuzhōng ná zhàng, yòu zài xīzhōng tiāoxuǎn le wǔ kuài guānghuá shízǐ, fàngzài dàizilǐ。
>
> 다윗은 손에 막대기를 들고 시냇가에서 매끄러운 돌 다섯 개를 골라 주머니에 넣었다.

❖ **어휘설명**

'光滑'는 형용사로 사람의 피부나 물체의 표면이 매끄럽거나 반들반들한 상태를 나타낸다. 술어, 목적어, 보어, 관형어로 사용된다.

❖ **예문**

➤ 小孩子的皮肤非常光滑。

➤ 桌面要保持光滑。

➤ 房子大门漆得很光滑。

➤ 他站在光滑的地板。

말씀 묵상하기

大卫说: "耶和华救我脱离狮子和熊的爪，也必救我脱离这非利士人的手。" 扫罗说: "你可以去。耶和华必与你同在。" (撒上 17:37)

Dàwèi shuō: "Yēhéhuá jiù wǒ tuōlí shīzi hé xióng de zhuǎ, yě bì jiù wǒ tuōlí zhè Fēilìshìrén de shǒu." Sǎoluó shuō: "Nǐ kěyǐ qù. Yēhéhuá bì yǔ nǐ tóngzài."

你带着刀剑、长矛、标枪来攻击我，我却是奉万军之耶和华的名来攻击你。 (撒上 17:45)

Nǐ dài zhe dāojiàn、chángmáo、biāoqiāng lái gōngjī wǒ, wǒ què shì fèng wànjūn zhī Yēhéhuá de míng lái gōngjī nǐ.

골리앗을 물리친 다윗

성경말씀: 사무엘상 17장~18장

블레셋 사람들이 전쟁을 일으키고자 군대를 소집하였다. 이에 사울은 이스라엘 군대를 소집하여 대오를 정렬하고 블레셋 사람들과 싸우고자 하였다. 블레셋 사람들과 이스라엘 사람들은 골짜기 하나를 사이에 두고 양쪽 산기슭에서 서로 대치하고 있었다.

블레셋 진영에 싸움을 잘하는 골리앗이라 불리는 자가 있었는데, 그는 신장이 3미터에 이르고 머리에는 투구를 쓰고 몸에는 갑옷을 두르고 있었다. 골리앗은 이스라엘 군대를 향하여 소리쳤다. "너희들은 어찌하여 모두 싸우러 나왔느냐? 너희 중에 나와 맞서 싸울 자를 한 명 골라서 나한테로 보내라. 만일 싸워서 그가 나를 죽이면 우리가 너희 종이 될 것이고, 내가 이기면 너희가 우리 종이 되어야 한다." 사울과 온 이스라엘 사람들은 블레셋 사람의 이 말을 듣고 크게 두려워하였다.

이새는 여덟 명의 아들이 있었는데, 그 중 세 아들은 사울을 따라 전쟁터에 나갔다. 다윗은 이새의 막내아들로 아버지의 양떼를 돌보고 있었다. 어느 날 이새가 다윗에게 말하였다. "너는 볶은 곡식과 떡 열 개를 가지고 얼른 네 형들에게 가져다 주거라. 그리고 형들의 상황이 어떤지 살피고 돌아와 나에게 알려 주거라."

다윗이 군 진영에 이르자 골리앗이 블레셋 군에서 나와 예전과 똑같이 말을 하니 다윗이 모두 듣게 되었다. 이스라엘 사람들은 그를 보고 몹시 놀라 도망가려 하였다. 다윗이 옆에 있는 사람에게 물었다. "이 블레셋 사람을 죽여서 이스라엘의 치욕을 없애주는 사람에게 어떠한 대우를 해줍니까?" 사람들이 대답하였다. "그를 죽이는 사람에게는 왕이 반드시 많은 재물을 주고, 자신의 딸을 그 사람에게 시집보낼 것입니다."

어떤 이가 사울에게 다윗의 말을 고하자, 사울 왕은 사람을 보내 다윗을 불러오게 하였다. 다윗이 사울에게 말했다. "저 블레셋 사람 때문에 걱정하지 마십시오. 제가 가서 그와 싸우겠습니다." 그러자 사울이 다윗에게 말하였다. "너는 고작 어린아이이고 그는 어려서부터 용사였으니 너는 저 블레셋 사람을 이길 수 없다." 다윗이 사울에게 말하였다. "제가 아버지의 양을 돌볼 때에 사자나 곰이 와서 양떼의 새끼를 물고 가면 제가 몽둥이를 들고 쫓아가서 그 입에서 새끼를 구해냈습니다. 그것들이 나를 공격하면 나는 그 턱수염을 잡고 몽둥이로 그것들을 쳐 죽였습니다. 여호와께서 저를 사자와 곰의 발톱에서 구해내셨으니 반드시 이 블레셋 사람의 손에서도 구해내실 것입니다.” 결국 사울이 동의하며 말하였다. “가거라. 여호와께서 반드시 너와 함께 하실 것이다.”

사울은 자신의 갑옷과 투구를 다윗에게 주었다. 다윗은 갑옷을 입고 칼을 차고 느낌이 어떤지 두어 걸음 걸어보았다. 다윗은 지금까지 이런 것들을 입어본적이 없었다. 다윗이 사울에게 말하였다. “저는 이런 것을 입는 것이 익숙지 않습니다. 이것을 입으면 걸을 수가 없습니다.” 이에 곧 벗어버리고는 손에 막대기를 들고 시냇가에서 매끄러운 돌 다섯 개를 골라 주머니에 넣었다. 다윗은 오직 양치는 막대기와 물매만을 가지고 블레셋 사람에게로 나아갔다. 블레셋 사람도 방패 든 자를 앞세우고 다윗에게 점점 가까이 다가왔다.

골리앗은 다윗을 보고 무시하며 말하였다. “네가 이 막대기로 나와 싸우려 하다니 설마 나를 강아지로 여기는 것이냐?” 하고는 자기 신들의 이름으로 다윗을 저주하였다. 또 말하기를 “덤벼라. 내가 너의 살을 공중의 새들과 들짐승들에게 주리라.” 하였다. 그러자 다윗이 골리앗에게 말하였다. “너는 칼과 창으로 나를 공격하지만, 나는 만군의 여호와 이름으로 너를 공격하노라.”

골리앗이 다윗에게 다가와 그를 공격하려고 하자, 다윗은 주머니에서 돌을 하나꺼내 물매를 이용해서 사력을 다해 던졌다. 돌이 골리앗의 이마에 적중하자 그가 그대로 땅에 쓰러졌다. 이에 다윗이 달려가서 골리앗의 칼을 뽑아 그를 죽이고 머리를 베어내자 블레셋 사람들은 자기 쪽 용사의 죽음을 보고는 모두 도망쳤다.

이와 같이 다윗은 오직 물매와 돌맹이 하나로 블레셋 사람과 싸워서 이겼다. 온 이스라엘 사람들과 유대인들이 모두 승리의 환호성을 질렀다. 다윗이 골리앗을 죽이고 돌아오자, 군사령관 아브넬이 즉시 그를 사울 왕 앞으로 인도하였는데 그의 손에는 여전히 그 블레셋 사람의 머리가 들려있었다. 사울이 그에게 물었다. “소년이여, 그대는 누구의 아들인가?” 그러자 다윗이 대답하였다. “저는 베들레헴 사람이새의 아들입니다.” 그날부터 사울은 다윗을 곁에 두고 집에 돌려보내지 않았다.

MEMO

孝心和信仰美丽的女人—路得

Xiàoxīn hé xìnyǎng měilì de nǚrén-Lùdé

 圣经话语: 路得记 1章~4章

在<u>伯利恒</u>遭遇饥荒，有一个人带着妻子和两个儿子，搬往<u>摩押</u>地居住。

Zài Bólìhéng zāoyù jīhuang, yǒu yí ge rén dài zhe qīzi hé liǎng ge érzi, bānwǎng Móyādì jūzhù。

这人名叫<u>以利米勒</u>，他的妻名叫<u>拿俄米</u>，不久丈夫死了，剩下<u>拿俄米</u>和她两个儿子。

Zhè rén míng jiào Yǐlìmǐlè, tā de qī míng jiào Ná'émǐ, bùjiǔ zhàngfu sǐ le, shèngxia Ná'émǐ hé tā liǎng ge érzi。

这两个儿子娶了<u>摩押</u>女子为妻，一个名叫<u>俄珥巴</u>，一个名叫<u>路得</u>[14]，在那

---

14) 路得(룻): 모압 지방의 이방여인으로 나오미의 아들 말론의 아내이다. 남편이 죽은 후 시어머니 나오미를 따라 베들레헴으로 이주하였다. 효성이 지극한 룻은 이삭을 주워 시어머니를 봉양하다 밭의 주인인 친척 보아스를 만나 재혼하게 된다. 룻과 보아스 사이에서 오벳이 태어났으며, 오벳은 이새를 낳았고, 이새는 다윗을 낳았다.

里住了十年左右。

Zhè liǎng ge érzi qǔ le Móyā nǚzǐ wéi qī, yí ge míng jiào É'ěrbā, yí ge míng jiào Lùdé, zài nàli zhù le shí nián zuǒyòu.

后来两个儿子也死了，剩下拿俄米，没有丈夫，也没有儿子。

Hòulái liǎng ge érzi yě sǐ le, shèngxia Ná'émǐ, méi yǒu zhàngfu, yě méi yǒu érzi。

　　拿俄米在摩押地听说耶和华眷顾自己的百姓，赐给他们粮食，就准备离开摩押地，回到她的家乡。

　　Ná'émǐ zài Móyādì tīngshuō Yēhéhuá juàngù zìjǐ de bǎixìng, cìgěi tāmen liángshi, jiù zhǔnbèi líkāi Móyādì, huídào tā de jiāxiāng。

拿俄米对两个媳妇说：“你们各人回娘家去吧，愿耶和华赐福给你们。”

Ná'émǐ duì liǎng ge xífù shuō: "Nǐmen gèrén huí niángjiā qù ba, yuàn Yēhéhuá cìfú gěi nǐmen。"

于是，拿俄米与她们亲嘴，她们就放声而哭。

Yúshì, Ná'émǐ yǔ tāmen qīnzuǐ, tāmen jiù fàngshēng ér kū。

她们说：“不，我们要跟你一起回你本国去。”

Tāmen shuō: "Bù, wǒmen yào gēn nǐ yìqǐ huí nǐ běnguó qù。"

拿俄米说：“我的女儿啊，回去吧。你们为什么还要跟着我呢？ 我比你们苦多了，因为耶和华伸手攻击我。”

Ná'émǐ shuō: "Wǒ de nǚ'ér a, huíqù ba。Nǐmen wèishénme hái yào gēnzhe wǒ ne? Wǒ bǐ nǐmen kǔduō le, yīnwèi Yēhéhuá shēnshǒu gōngjī wǒ。"

两个媳妇又放声而哭，俄珥巴吻别了婆婆，只是路得舍不得拿俄米。

Liǎng ge xífù yòu fàngshēng ér kū, É'ěrbā wěnbié le pópo, zhǐshì Lùdé shěbude Ná'émǐ。

　　拿俄米说：“俄珥巴已经回她本国，你也跟着她回去吧。”

　　Ná'émǐ shuō: "É'ěrbā yǐjīng huí tā běnguó, nǐ yě gēnzhe tā huíqù ba。"

路得说：“请不要叫我离开你。你去哪里，我也去哪里。15) 你住在哪里，我也住在哪里。你的国就是我的国，你的神就是我的神。”

---

15) 你去哪里, 我也去哪里。:동일 의문대명사의 호응으로 같은 의문대명사가 앞뒤에서 호응하는 복문이다. 앞절의 '哪里'는 임의의 '어느 장소'를 가리키고, 뒷절의 '哪里'는 앞의 의문대명사 '哪里'가 가리키는 '그곳'을 나타낸다.

Lùdé shuō: "Qǐng bú yào jiào wǒ líkāi nǐ. Nǐ qù nǎli, wǒ yě qù nǎli. Nǐ zhùzài nǎli, wǒ yě zhùzài nǎli. Nǐ de guó jiù shì wǒ de guó, nǐ de shén jiù shì wǒ de shén."

又说："你死在哪里，我也要死在哪里，我还要葬在那里。只有死亡才能把我们分开。不然，愿<u>耶和华</u>重重地惩罚我。"

Yòu shuō: "Nǐ sǐzài nǎli, wǒ yě yào sǐzài nǎli, wǒ hái yào zàngzài nàli. Zhǐyǒu sǐwáng cái néng bǎ wǒmen fēnkāi. Bùrán, yuàn Yēhéhuá chóngchóng de chéngfá wǒ."

<u>拿俄米</u>见<u>路得</u>坚决要跟她一起走，就不再说什么了。于是两个人同行，来到<u>伯利恒</u>。

Ná'émǐ jiàn Lùdé jiānjué yào gēn tā yìqǐ zǒu, jiù bú zài shuō shénme le. Yúshì liǎng ge rén tóngxíng, láidào Bólìhéng.

<u>拿俄米</u>的丈夫亲属中，有一个人名叫<u>波阿斯</u>，是个大财主。

Ná'émǐ de zhàngfū qīnshǔzhōng, yǒu yí ge rén míng jiào Bō'āsī, shì gè dà cáizhǔ.

一天，<u>路得</u>到田里去捡麦穗，她碰巧来到<u>波阿斯</u>的田里。

Yì tiān, Lùdé dào tiánlǐ qù jiǎn màisuì, tā pèngqiǎo láidào Bō'āsī de tiánlǐ.

<u>波阿斯</u>问仆人说："那是谁家的女子？"

Bō'āsī wèn púrén shuō: "Nà shì shuí jiā de nǚzǐ?"

仆人回答说："她是跟随<u>拿俄米</u>从<u>摩押</u>地回来的。她从早晨到如今，只在屋子里坐一会儿，常在这里。"

Púrén huídá shuō: "tā shì gēnsuí Ná'émǐ cóng Móyādì huílai de. Tā cóng zǎochén dao rújīn, zhǐ zài wūzilǐ zuò yíhuìr, cháng zài zhèli."

<u>波阿斯</u>对<u>路得</u>说："你要捡麦穗，就留在这里跟我们一起捡，不要到别的田里捡。"

Bō'āsī duì Lùdé shuō: "Nǐ yào jiǎn màisuì, jiù liúzài zhèli gēn wǒmen yìqǐ jiǎn, bú yào dào bié de tiánlǐ jiǎn."

<u>路得</u>对他说："我是外邦人，你怎么能这样照顾我呢？"

Lùdé duì tā shuō: "Wǒ shì wàibāngrén, nǐ zěnme néng zhèyàng zhàogù wǒ ne?"

<u>波阿斯</u>回答说："我都听到了自从你丈夫死后，你向婆婆所行的事情。"

Bō'āsī huídá shuō: "Wǒ dōu tīngdào le zìcóng nǐ zhàngfu sǐ hòu, nǐ xiàng pópo suǒ xíng de shìqíng。"

路得仍与婆婆同住，与波阿斯的使女常在一起捡麦穗，直到收完了大麦和小麦。

Lùdé réng yǔ pópo tóngzhù, yǔ Bō'āsī de shǐnǚ cháng zài yìqǐ jiǎn màisuì, zhídào shōuwán le dàmài hé xiǎomài。

　　波阿斯对本城的长老和众民说: "我要娶摩押女子路得为妻。"

　　Bō'āsī duì běnchéng de zhǎnglǎo hé zhòngmín shuō: "Wǒ yào qǔ móyā nǚzǐ Lùdé wéi qī"

于是，波阿斯娶了路得为妻，与她同房。

Yúshì, Bō'āsī qǔ le Lùdé wéi qī, yǔ tā tóngfáng。

耶和华使她怀孕生了一个儿子。

Yēhéhuá shǐ tā huáiyùn shēng le yí ge érzi。

给孩子起名叫俄备得16)，俄备得是耶西的父亲，大卫的祖父。

Gěi háizi qǐmíng jiào Ébèidé, Ébèidé shì Yēxī de fùqīn, Dàwèi de zǔfù。

俄备得生耶西，耶西生大卫。

Ébèidé shēng Yēxī, Yēxī shēng Dàwèi。

---

16) 给~起名叫~: ~에게 ~라고 이름을 지어주다. (给孩子起名叫俄备得。 아이에게 '오벳'이라는 이름을 지어주었다.)

生词

遭遇	zāoyù	동	만나다, 부닥치다
饥荒	jīhuang	명	기근, 흉작
搬	bān	동	이사하다, 옮기다
居住	jūzhù	동	살다, 거주하다
丈夫	zhàngfu	명	남편
剩下	shèngxia	동	남다
娶	qǔ	동	장가들다
眷顾	juàngù	동	돌보다
赐福	cìfú	동	복을 주다
粮食	liángshi	명	양식
娘家	niángjia	명	친정
亲嘴	qīnzuǐ	동	입 맞추다
放声而哭	fàngshēng ér kū	동	소리 높여 울다
伸手	shēnshǒu	동	손을 내밀다
吻别	wěnbié	동	키스하고 작별하다
婆婆	pópo	명	시어머니
舍不得	shěbude	동	(헤어지기) 아쉽다, 미련이 남다, 섭섭하다
叫	jiào	동	…하게[하도록] 하다.
离开	líkāi	동	떠나다, 헤어지다
葬	zàng	동	장사 지내다
死亡	sǐwáng	명 / 동	사망(하다)
分开	fēnkāi	동	떨어지다, 헤어지다, 분리되다
愿	yuàn	동	원하다, 바라다, 희망하다
重重	chóngchóng	형	무겁다, 묵직하다
惩罚	chéngfá	명 / 동	처벌(하다), 징벌(하다)
坚决	jiānjué	형	단호하다, 결연하다
同行	tóngháng	동	동행하다

亲属	qīnshǔ	명	친척, 친족
财主	cáizhǔ	명	부자, 재력가
收割	shōugē	명 / 동	수확(하다)
捡	jiǎn	동	줍다
麦穗	màisuì	명	밀 또는 보리 이삭
碰巧	pèngqiǎo	형	공교롭다
早晨	zǎochen	명	새벽
直到	zhídào	동	쭉 …에 이르다
如今	rújīn	명	지금, 이제, 오늘날
外邦人	wàibāngrén	명	이방인, 외지인
自从	zìcóng	개	…에서, …이래, …부터
照顾	zhàogù	동	보살피다
使女	shǐnǚ	명	여종
大麦	dàmài	명	보리
小麦	xiǎomài	명	밀
长老	zhǎnglǎo	명	장로
众民	zhòngmín	명	많은 백성
同房	tóngfáng	동	동침하다, 같은 방을 쓰다

고유명사

俄备得	Ébèidé	인명	오벳(보아스와 룻의 아들로 이새의 아버지이자, 다윗의 할아버지)
路得	Lùdé	인명	룻(모압여인으로 후에 시어머니 나오미를 따라 베들레헴으로 이주하여 시어머니를 지극정성으로 봉양한 효성스런 며느리)
以利米勒	Yǐlìmǐlè	인명	엘리멜렉(나오미의 남편이자 룻의 시아버지)
拿俄米	Ná'émǐ	인명	나오미(유대인으로 룻의 시어머니)
俄珥巴	É'ěrbā	인명	오르바(나오미의 며느리)
波阿斯	Bō'āsī	인명	보아스(나오미의 남편 엘리멜렉의 먼 친척)
摩押	Móyā	지명	모압(현재의 요르단 지역)

어휘풀이

1 舍不得　아쉽다, 미련이 남다, 아까워하다

> 两个媳妇又放声而哭，俄珥巴吻别了婆婆，只是路得舍不得拿俄米。
>
> Liǎng ge xífù yòu fàngshēng ér kū, É'ěrbā wěnbié le pópo, zhǐ shì Lùdé shěbude Ná'ěmǐ。
>
> 두 며느리가 큰소리를 내어 다시 울더니 오르바는 시어머니에게 입 맞추고 떠났고, 룻은 시어머니 나오미를 아쉬워하며 떠나지 못하였다.

❖ 어휘설명

'舍不得'는 헤어지거나 떠나는 것을 아쉬워함을 나타낸다. 명사, 대명사, 동사를 목적어로 취하고, '了'와 같이 사용할 수 있다. 보어로 사용되지 않으며[17], 중첩하여 사용할 수 없다.

❖ 예문

> ➤ 我在这儿住了十年，舍不得离开。
> ➤ 我要离开这个地方，真是舍不得了。

또한 '舍不得'는 사람이나 사물 등이 아까워서 제대로 쓰지 못하거나 남에게 주기를 싫어하다의 의미도 나타낸다. 명사와 동사를 목적어로 가지며, '了' 또는 '过'와 같이 사용할 수 있다.

❖ 예문

> ➤ 新买的衣服他舍不得穿。
> ➤ 我在吃和穿上没舍不得过。

---

17) 예: 我在这儿住了十年，离开舍不得。(×) → 我在这儿住了十年，舍不得离开。(O)

2 粮食 명 양식, 식량, 곡물

> 耶和华眷顾自己的百姓，赐给他们粮食。
>
> Yēhéhuá juàngù zìjǐ de bǎixìng, cìgěi tāmen liángshi。
>
> 여호와께서 자기 백성을 돌보시며 그들에게 양식을 주셨다.

❖ 어휘설명

'粮食'는 식용 가능한 곡류, 두류(豆類), 구황작물 등의 총칭이다. 주어, 목적어, 관형어로 사용된다.

❖ 예문

> ➤ 今年不仅粮食丰收，水果也是大年。
> ➤ 人每天都离不开粮食。
> ➤ 明天就要交粮食价款。

3 碰巧 형 공교롭다 / 공교롭게, 때마침

> 一天，路得到收割的田里去捡麦穗，她碰巧来到波阿斯的田里。
>
> Yì tiān, Lùdé dào shōugē de tiánlǐ qù jiǎn màisuì, tā pèngqiǎo láidào Bō'āsī de tiánlǐ。
>
> 하루는 룻이 수확하는 밭에서 이삭을 줍는데 우연히 보아스의 밭에 이르게 되었다.

❖ 어휘설명

'碰巧'는 생각지 못하거나 뜻하지 않게 우연히 일어난 상황을 나타낸다. 문장 맨 앞에서 문장 전체를 수식하거나, 술어 앞에서 술어를 수식한다.

❖ 예문

> ➤ 我正想找他，碰巧他来了。
> ➤ 今天我在去学校的路上，碰巧遇到了同班同学。
> ➤ 算你走运[18]，你的那位朋友碰巧是我挺在乎的一个人。

───────────────

18) 算你走运: 당신 운 좋은 줄 알아요!

4 惩罚 명/동 징벌, 처벌 / 징벌하다, 처벌하다

只有死亡才能把我们分开。不然，愿耶和华重重地惩罚我。

Zhǐyǒu sǐwáng cái néng bǎ wǒmen fēnkāi。Bùrán, yuàn Yēhéhuá chóngchóng de chéngfá wǒ。

오직 죽음만이 우리를 갈라놓을 수 있습니다. 그게 아니라면 여호와께서 제게 무서운 벌을 내리실 겁니다.

❖ 어휘설명

'惩罚'는 죄나 잘못이 있는 사람에게 엄하게 벌을 주는 것으로, 술어, 목적어, 관형어로 사용된다.

❖ 예문

➢ 违反规定就要惩罚。

➢ 对孩子不应该公开地惩罚。

➢ 你没有权这样给予惩罚。

➢ 被惩罚的原因是什么？

5 坚决 형 단호하다, 결연하다

拿俄米见路得坚决要跟她一起走，就不再说什么了。

Ná'émǐ jiàn Lùdé jiānjué yào gēn tā yìqǐ zǒu, jiù bú zài shuō shénme le。

나오미는 룻이 자기와 함께 가기로 굳게 결심한 것을 보고 그녀에게 더 이상 아무 말도 하지 않았다.

❖ 어휘설명

'坚决'는 태도, 주장, 행동, 입장, 의지 등이 매우 확고하고 주저함이 없는 상태를 나타내는 말로 술어, 목적어, 보어, 관형어, 부사어로 사용된다.

❖ 예문

➢ 他的态度非常坚决。

➢ 我们对这件事需要坚决。

➢ 老师说得非常坚决。

➢ 我们要采取坚决的措施。

말씀 묵상하기

 耶和华眷顾自己的百姓，赐给他们粮食。 (得 1:6)

Yēhéhuá juàngù zìjǐ de bǎixìng, cìgěi tāmen liángshi。

 愿耶和华赐福给你们。 (得 2:4)

Yuàn Yēhéhuá cìfú gěi nǐmen。

효성과 신앙이 아름다운 여인 룻

성경말씀: 룻기 1장~4장

　베들레헴에 흉년이 들자 어떤 사람이 아내와 두 아들을 데리고 모압 지방에 가서 살았다. 그의 이름은 엘리멜렉이고 그 사람 아내의 이름은 나오미였는데, 얼마 후 남편이 죽고 나오미와 아들 둘만이 남게 되었다. 두 아들은 모압의 여인을 아내로 맞이하였는데, 한 명의 이름은 오르바이고, 다른 한 명의 이름은 룻으로 그들은 그 곳에서 약 십여 년간 살았다. 후에 두 아들도 죽고, 남편과 아들 없이 나오미만 남게 되었다.

　나오미는 모압 땅에 살면서 여호와께서 자기 백성을 돌보시며 그들에게 양식을 주신다는 소식을 듣고, 모압 땅을 떠나 그녀의 고향으로 돌아가려 하였다. 나오미가 두 며느리에게 말하였다. "너희는 각자 친정으로 돌아가거라. 여호와께서 너희에게 복을 주시기를 원하노라." 그러고는 나오미가 며느리들에게 입을 맞추자 그녀들이 큰 소리로 울었다. 두 며느리가 말하였다. "아닙니다. 우리는 어머니와 함께 어머니의 나라로 돌아가겠습니다." 그러자 나오미가 말하였다. "내 딸들아, 돌아가거라. 왜 나와 가려고 하느냐? 여호와의 손이 나를 치셨으므로 나는 더욱 마음이 아프구나." 두 며느리가 큰소리를 내어 다시 울더니 오르바는 시어머니에게 입 맞추고 떠났고, 룻은 시어머니를 떠나지 못하였다.

　나오미가 룻에게 말하기를 "오르바는 이미 자기 나라로 돌아갔으니, 너도 그녀를 따라 돌아가거라." 하였다. 룻이 말하였다. "저에게 어머니를 떠나라고 하지 말아주세요. 어머니께서 가시는 곳에 저도 가고 어머니께서 머무시는 곳에 저도 머물겠습니다. 어머니의 나라가 내 나라이고, 어머니의 하나님이 나의 하나님이십니다." 또 말하기를 "어머니께서 돌아가신 곳에서 저도 죽고 묻힐 겁니다. 오직 죽음만이 우리를 갈라놓을 수 있습니다. 그게 아니라면 여호와께서 제게 무서운 벌을 내리실 겁니다." 하였다. 나오미는 룻이 자기와 함께 가기로 굳게 결심한 것을 보고, 더 이상 그녀에게 아무런 말도 하지 않았다. 이에 그 두 사람이 동행하여 베들레헴에 이르렀다.

　나오미의 남편의 친척 중 보아스라 불리는 부자가 있었다. 하루는 룻이 밭에서 이삭을 줍다가 우연히 보아스의 밭에 이르게 되었다.

보아스가 하인에게 물었다. "저 여인은 뉘 집 여인인가?" 하인이 대답하였다. "저 여인은 나오미를 따라 모압 지방에서 온 여인입니다. 그녀는 아침부터 지금까지 집에서 잠시 쉰 것 외에는 계속 이곳에서 (일하고) 있습니다."

보아스가 룻에게 말하였다. "당신은 이삭을 주우려거든 이곳에 남아서 우리와 함께 줍고 다른 밭으로 가지 마시오." 그러자 룻이 그에게 물었다. "저는 이방여인인데 당신은 어찌하여 나를 돌보시는 겁니까?" 보아스가 대답하였다. "당신 남편이 죽은 후로 당신이 시어머니에게 한 모든 것을 들었소." 룻은 여전히 시어머니와 함께 살면서 보리 추수와 밀 추수가 끝날 때까지 보아스의 여종들과 함께 늘 이삭을 같이 주웠다.

보아스가 성읍 장로와 백성들에게 말하였다. "나는 모압 여인 룻을 아내로 맞이하겠습니다." 그리하여 보아스는 룻을 아내로 맞이하고 그녀와 동침을 하였다. 여호와께서 그녀를 잉태시키시어 그녀가 아들을 하나 낳게 되었다. 아이에게 '오벳'이라는 이름을 지어주었는데, 오벳은 이새의 아버지이자 다윗의 할아버지가 된다. 오벳은 이새를 낳고, 이새는 다윗을 낳았다.

最伟大的先知—摩西

Zuì wěidà de xiānzhī-Móxī

 圣经话语: 出埃及记 6章~14章

移居到埃及[19]的犹太人口迅速增长，法老恐怕他们多起来[20]。

Yíjūdào Āijí de Yóutài rénkǒu xùnsù zēngzhǎng, Fǎlǎo kǒngpà tāmen duōqǐlái。

法老吩咐说: "以色列人所生的男孩都要杀死。"

Fǎlǎo fēnfù shuō: "Yǐsèlièrén suǒ shēng de nánhái dōu yào shāsǐ。"

就是在这样迫害犹太人的背景中，摩西出生了。

Jiù shì zài zhèyàng pòhài Yóutàirén de bèijǐngzhōng, Móxī chūshēng le。

摩西出生后，他的父母凭信就不顾法老的命令，暗暗的把他藏起来。藏了三个月，后来不能再藏了，因为孩子哭声渐大，容易被人发现。

Móxī chūshēng hòu, tā de fùmǔ píng xìn jiù búgù Fǎlǎo de mìnglìng, ànàn de bǎ tā cángqǐlái。Cáng le sān gè yuè, hòulái bù néng zài cáng le, yīnwèi háizi kūshēng jiàn dà, róngyì

---

19) 埃及(애굽): 고대 그리스어 'Aigyptos'의 음역어이다.
20) 多起来: '起来'는 동사나 형용사 뒤에 놓여 동작이나 상황이 시작되고 또한 계속됨을 나타낸다.

bèi rén fāxiàn。

其母亲为保其性命就取了一个蒲草箱，将孩子放在里头，暗中把箱子放在河边。

Qí mǔqīn wèi bǎo qí xìngmìng jiù qǔ le yí ge púcǎoxiāng, jiāng háizi fàngzài lǐtou, ànzhōng bǎ xiāngzi fàngzài hébiān。

后来被来洗澡的埃及公主发现了。

Hòulái bèi lái xǐzǎo de Āijí gōngzhǔ fāxiàn le。

她认出他是以色列人的孩子，依然决定收养他，如同自己的孩子。

Tā rènchū tā shì Yǐsèlièrén de háizi, yīrán juédìng shōuyǎng tā, rútóng zìjǐ de háizi。

法老的女儿把摩西从水里救了出来，并且为他取了名字。

Fǎlǎo de nǚ'ér bǎ Móxī cóng shuǐlǐ jiù le chūlái, bìngqiě wèi tā qǔ le míngzi。

他的名字在希伯来语的意思是从水里拉上来。

Tā de míngzi zài xībóláiyǔ de yìsī shì cóng shuǐlǐ lāshànglái。

摩西长大了，一天，摩西受到了神的感召，带领住在埃及的犹太人，离开那里回到上帝应许的流着奶与蜜之地-迦南[21]。

Móxī zhǎngdà le, yì tiān, Móxī shòudao le shén de gǎnzhào, dàilǐng zhùzài Āijí de Yóutàirén, líkāi nàli huídào shàngdì yīngxǔ de liú zhe nǎi yǔ mì zhī dì-Jiānán。

耶和华对摩西说："我是耶和华。我要领你们到我起誓赐给亚伯拉罕，以撒，雅各的那地，我要把那地赐给你们为产业。"

Yēhéhuá duì Móxī shuō: "Wǒ shì Yēhéhuá。Wǒ yào lǐng nǐmen dào wǒ qǐshì cìgěi Yàbólāhǎn, Yǐsā, Yǎgè de nà dì, wǒ yào bǎ nà dì cìgěi nǐmen wéi chǎnyè。"

摩西把这句话告诉以色列人，但是他们不肯听他的话。

Móxī bǎ zhè jù huà gàosù Yǐsèlièrén, dànshì tāmen bùkěn tīng tā de huà。

耶和华对摩西说："你去，叫法老准许以色列人离开他的领土。"

Yēhéhuá duì Móxī shuō: "Nǐ qu, jiào Fǎlǎo zhǔnxǔ Yǐsèlièrén líkāi tā de lǐngtǔ。"

---

21) 迦南(가나안): 가나안 땅은 하나님께서 아브라함과 그 후손들에게 주겠다고 약속한 언약의 땅으로 성경에 젖과 꿀이 흐르는 비옥한 토지로 묘사된다. 일반적으로 요단강 서쪽지역을 가리킨다.

摩西在耶和华面前说：“以色列人尚且不听我的话，法老怎么肯听我的话呢？ 我是一个说话笨拙的人。”

Móxī zài Yēhéhuá miànqián shuō: "Yǐsèlièrén shàngqiě bù tīng wǒ de huà, Fǎlǎo zěnme kěn tīng wǒ de huà ne? Wǒ shì yí ge shuōhuà bènzhuō de rén。"

耶和华说：“我所吩咐你的，你都要说你的哥哥亚伦，他要对法老说，使以色列人离开他的领土。”

Yēhéhuá shuō: "Wǒ suǒ fēnfù nǐ de, nǐ dōu yào shuō nǐ de gēge Yàlún, tā yào duì Fǎlǎo shuō, shǐ Yǐsèlièrén líkāi tā de lǐngtǔ。"

摩西和亚伦，耶和华怎样吩咐他们，他们就照样行了。

Móxī hé Yàlún, Yēhéhuá, zěnyàng fēnfù tāmen, tāmen jiù zhàoyàng xíng le。

耶和华说：“我要在埃及地多行神迹奇事。法老必不听你们，我要下手击打埃及，把以色列民从埃及地救出来。”

Yēhéhuá shuō: "Wǒ yào zài Āijídì duō xíng shénjì qíshì。Fǎlǎo bì bù tīng nǐmen, wǒ yào xiàshǒu jīdǎ Āijí, bǎ Yǐsèlièmín cóng Āijídì jiùchūlái。"

耶和华在埃及施行十灾时，法老感到狼狈。

Yēhéhuá zài Āijí shīxíng shí zāi shí, Fǎlǎo gǎndào lángbèi。

夜间，法老召了摩西，亚伦来说：“你们带着以色列人走! 按照你们所说的去敬拜耶和华吧”。

Yèjiān, Fǎlǎo zhào le Móxī, Yàlún lái shuō: "Nǐmen dài zhe Yǐsèlièrén zǒu! Ànzhào nǐmen suǒ shuō de qù jìngbài Yēhéhuá ba。"

以色列人离开埃及时，神领他们绕道而行，经过旷野，向着红海[22]前进。

Yǐsèlièrén líkāi Āijí shí, shén lǐng tāmen ràodào ér xíng, jīngguò kuàngyě, xiàng zhe hónghǎi qiánjìn。

白天用云柱领路，夜晚用火柱照明他们，让他们日夜都可以上路，白天云柱，夜间火柱，总不离开百姓的面前。

Báitian yòng yúnzhù lǐnglù, yèwǎn yòng huǒzhù zhàomíng tāmen, ràng tāmen rìyè dōu kěyǐ shànglù, báitian yúnzhù, yèjiān huǒzhù, zǒng bù líkāi bǎixìng de miànqián。

---

22) 이스라엘 민족이 애굽을 탈출할 때 하나님께서 모세를 통하여 홍해바다를 가르는 기적을 일으킨 곳으로 ‘홍해의 기적’ 또는 ‘모세의 기적’이라 불리운다.

有人告诉埃及王说百姓逃跑，法老和臣仆就预备车辆追赶他们。

Yǒu rén gàosù Āijíwáng shuō bǎixìng táopǎo, Fǎlǎo hé tā de chénpú jiù yùbèi chēliàng zhuīgǎn tāmen。

以色列人看见法老赶来，就很害怕。

Yǐsèlièrén kànjiàn Fǎlǎo gǎnlái, jiù hěn hàipà。

他们对摩西说: "你为什么带我们出来死在旷野呢？ 在埃及作奴隶总比死在旷野好。"

Tāmen duì Móxī shuō: "Nǐ wèishénme dài wǒmen chūlái sǐzài kuàngyě ne? Zài Āijí zuò núlì zǒng bǐ sǐzài kuàngyě hǎo。"

摩西对百姓说: "不要害怕，只管站着不动，看耶和华来拯救你们。你们今天见到的这些埃及人，你们以后不会再见到。"

Móxī duì bǎixìng shuō: "Bú yào hàipà, zhǐguǎn zhàn zhe bú dòng, kàn Yēhéhuá lai zhěngjiù nǐmen。Nǐmen jīntiān jiàndào de zhè xiē Āijírén, nǐmen yǐhòu bú huì zài jiàndào。"

以色列人往前走，到了海边。

Yǐsèlièrén wǎng qián zǒu, dào le hǎibiān。

摩西向海举起他的手，把水分开了。

Móxī xiàng hǎi jǔqǐ tā de shǒu, bǎ shuǐ fēnkāi le。

以色列人从海中间的干地走过去，海水像墙一样耸立在两边。

Yǐsèlièrén cóng hǎi zhōngjiān de gāndì zǒuguòqù, hǎishuǐ xiàng qiáng yíyàng sǒnglìzài liǎngbiān。

埃及人，法老一切的马匹，车辆和马兵都跟着他们下到海中。

Āijírén, Fǎlǎo yíqiè de mǎpī, chēliàng hé mǎbīng dōu gēnzhe tāmen xiàdào hǎizhōng。

耶和华对摩西说: "你向海伸杖，叫海水流在埃及人并他们的车辆，马兵身上。"

Yēhéhuá duì Móxī shuō: "Nǐ xiàng hǎi shēn zhàng, jiào hǎishuǐ liúzài Āijírén bìng tāmen de chēliàng, mǎbīng shēnshang。"

摩西就向海伸杖，海水就流回了原处。

Móxī jiù xiàng hǎi shēn zhàng, hǎishuǐ jiù liúhuí le yuánchù。

埃及人想逃跑，耶和华却把他们推翻在海中。

Āijírén xiǎng táopǎo, Yēhéhuá què bǎ tāmen tuīfānzài hǎizhōng.

水就淹没了车辆和马兵，那些跟着以色列人下海法老的全军，连一个也没有剩下[23]。

shuǐ jiù yānmò le chēliàng hé mǎbīng, nà xiē gēnzhe Yǐsèlièrén xiàhǎi Fǎlǎo de quánjūn, lián yí ge yě méi yǒu shèngxia.

当日，耶和华这样拯救以色列人脱离埃及人的手。

Dāngrì, Yēhéhuá zhèyàng zhěngjiù Yǐsèlièrén tuōlí Āijírén de shǒu.

以色列人看见耶和华所行的大事，就敬畏耶和华，又信服他和他的仆人摩西。

Yǐsèlièrén kànjiàn Yēhéhuá suǒ xíng de dàshì, jiù jìngwèi Yēhéhuá, yòu xìnfú tā hé tā de púrén Móxī.

这时，摩西和以色列人向耶和华唱歌说："我要向耶和华歌唱，因他大大战胜。耶和华是我的力量，我的诗歌，也成了我的拯救。这是我的神，我要赞美他，是我父亲的神，我要尊崇他。"

Zhè shí, Móxī hé Yǐsèlièrén xiàng Yēhéhuá chàng gē shuō: "Wǒ yào xiàng Yēhéhuá gē chàng, yīn tā dàdà zhànshèng. Yēhéhuá shì wǒ de lìliang, wǒ de shīgē, yě chéng le wǒ de zhěngjiù. Zhè shì wǒ de shén, wǒ yào zànměi tā, shì wǒ fùqīn de shén, wǒ yào zūnchóng tā."

---

23) 连一个也没有剩下。(한 명도 남지 않았다.): '连'은 '…조차도', '…까지도'의 의미로 뒤에 '也', '都' 등과 호응하여 단어나 구를 강조한다.

生词

伟大	wěidà	형	위대하다
先知	xiānzhī	명	선지자
移居	yíjū	동	이사하다, 이주하다
迅速	xùnsù	형	신속하다, 급속하다, 재빠르다
增长	zēngzhǎng	동	증가하다
恐怕	kǒngpà	동	두려워하다, 염려하다, 걱정하다
杀死	shāsǐ	동	죽이다
迫害	pòhài	명 / 동	박해(하다)
背景	bèijǐng	명	배경, 배후 세력
凭	píng	동	의지하다, 의거하다
不顾	búgù	동	고려하지 않다, 꺼리지 않다, 상관하지 않다
命令	mìnglìng	명 / 동	명령(하다)
暗暗	ànàn	부	은근히, 슬며시, 남몰래
藏	cáng	동	숨다, 숨기다, 감추다
容易	róngyì	형	쉽다
性命	xìngmìng	명	생명, 목숨
蒲草箱	púcǎoxiāng	명	갈대상자
暗中	ànzhōng	부	몰래, 은밀히, 암암리에
放	fàng	동	놓아 주다, 풀어 놓다
河边	hébiān	명	강변
洗澡	xǐzǎo	동	목욕하다
公主	gōngzhǔ	명	공주
认出	rènchū	동	식별하다, 알아차리다
依然	yīrán	형	의연하다, 전과 다름이 없다
决定	juédìng	동	결정하다
收养	shōuyǎng	동	입양하다
装	zhuāng	동	싣다

篮子	lánzi	명	바구니
救	jiù	동	구하다
并且	bìngqiě	접	게다가
希伯来语	xībóláiyǔ	명	히브리어
拉	lā	동	당기다
感召	gǎnzhào	명 / 동	감화(를 받다)
带领	dàilǐng	동	이끌다
上帝	shàngdì	명	하나님
应许	yīngxǔ	동	승낙하다
流	liú	동	흐르다
奶	nǎi	명	젖
蜜	mì	명	꿀
起誓	qǐshì	동	맹세하다
产业	chǎnyè	명	(토지·가옥 따위의) 부동산, 재산
不肯	bùkěn	동	(기꺼이) …하려고 하지 않다, 원하지 않다
准许	zhǔnxǔ	명 / 동	허락(하다), 허가(하다)
领土	lǐngtǔ	명	영토, 국토
面前	miànqián	명	면전, 앞, 눈앞
尚且	shàngqiě	접	…조차, …까지도
笨拙	bènzhuō	형	서툴다, 우둔하다
神迹	shénjì	명	영험의 흔적, 기적
奇事	qíshì	명	기이한 일
下手	xiàshǒu	동	손을 대다
击打	jīdǎ	동	치다, 두드리다, 때리다
施行	shīxíng	동	실행하다
十灾	shízāi	명	열 가지 재앙
狼狈	lángbèi	형	낭패하다, 당황하다, 궁지에 빠지다, 매우 난처하다
夜间	yèjiān	명	야간
召	zhào	동	부르다
按照	ànzhào	개	~대로, ~에 따라

敬拜	jìngbài	명/동	경배(하다)
绕道	ràodào	동	(길을) 우회하다
旷野	kuàngyě	명	광야
白天	báitian	명	낮, 대낮
云柱	yúnzhù	명	구름기둥
领路	lǐnglù	동	길을 안내하다
火柱	huǒzhù	명	불기둥
照明	zhàomíng	동	비추다, 조명하다
上路	shànglù	동	여정에 오르다
逃跑	táopǎo	동	도망가다, 달아나다, 도주하다
臣仆	chénpú	명	신하와 노복, 노예
预备	yùbèi	동	~할 준비를 하다
车辆	chēliàng	명	전쟁에 쓰이는 수레, 병거
追赶	zhuīgǎn	동	추격하다, 따라잡다, 쫓아가다
赶来	gǎnlái	동	뒤따라오다
奴隶	núlì	명	노예
只管	zhǐguǎn	부	오로지, 그저, 줄곧, 시종일관
拯救	zhěngjiù	동	구하다, 구원하다
干地	gāndì	명	마른 땅, 육지
墙	qiáng	명	벽
耸立	sǒnglì	동	우뚝 솟다, 우뚝 서다
马匹	mǎpǐ	명	말
马兵	mǎbīng	명	기마병
伸	shēn	동	펴다, 펼치다
杖	zhàng	명	지팡이
推翻	tuīfān	동	뒤집다, 전복시키다
淹没	yānmò	동	침몰하다, 물에 잠기다
当日	dàngrì	명	그날, 그 당시
敬畏	jìngwèi	동	경외하다
信服	xìnfú	동	믿고 복종하다

战胜	zhànshèng	통	싸워 이기다, 승리를 거두다
力量	lìliang	명	힘, 능력
诗歌	shīgē	명	시, 시가
赞美	zànměi	통	찬미하다, 찬양하다
尊崇	zūnchóng	통	존중하다, 우러러 받들다

고유명사

亚伦	Yàlún	인명	아론(모세의 형으로 모세와 함께 이스라엘 민족을 애굽에서 인도하여 이끌어낸 인물)
埃及	Āijí	지명	애굽(이집트)
迦南	Jiānán	지명	가나안(하나님께서 아브라함과 그 후손들에게 주겠다고 언약하신 약속의 땅)
红海	Hónghǎi	지명	홍해(红海)
法老	Fǎlǎo	칭호	바로, 파라오(솔로몬 왕조시대까지의 이집트 왕의 칭호)
以撒	Yǐsā	인명	이삭(아브라함과 사라의 아들)
雅各	Yǎgè	인명	야곱(이삭의 작은 아들)
摩西	Móxī	인명	모세(이스라엘 민족의 위대한 지도자이자 예언자)
亚伯拉罕	Yàbólāhǎn	인명	아브라함(이스라엘 민족의 시조)

어휘풀이

1 迅速 　형　 신속하다, 급속하다, 재빠르다

> 移居到埃及的犹太人口迅速增长，法老恐怕他们多起来。
>
> Yíjūdào Āijí de Yóutài rénkǒu xùnsù zēngzhǎng, Fǎlǎo kǒngpà tāmen duōqǐlái.
>
> 애굽으로 이주한 유대인들이 급속히 증가하자, 파라오는 그들이 많아지는 것을 걱정하였다.

❖ **어휘설명**

'迅速'는 형용사로 속도가 몹시 빠르거나 동작이 재빠르다는 의미이다. 술어, 목적어, 보어, 관형어, 부사어로 사용된다.

❖ **예문**

➢ 消防队员的动作极其迅速。

➢ 你办事希望迅速。

➢ 当你学会了思考，你的工作就变得迅速而且高效。

➢ 中国经济迅速发展的原因有哪些?

2 迫害 　명　/　동　 박해 / 박해하다

> 就是在这样迫害犹太人的背景中，摩西出生了。
>
> Jiù shì zài zhèyàng pòhài Yóutàirén de bèijǐngzhōng, Móxī chūshēng le。
>
> 이렇듯 유대인들을 박해하는 배경 속에서 모세가 태어났다.

❖ **어휘설명**

'迫害'는 주로 정치적으로 억누르거나 약한 처지의 개인이나 세력을 괴롭혀 해를 끼치는 행위를 말한다. 술어, 목적어, 관형어로 사용된다.

❖ 예문

➤ 你们立即停止迫害。

➤ 他们那里有组织的迫害。

➤ 被他迫害的政治家成千上万[24]。

3 不顾 동 고려하지 않다, 꺼리지 않다, 상관하지 않다

> 摩西出生后，他的父母凭信就不顾法老的命令，暗暗的把他藏起来。
>
> Móxī chūshēng hòu, tā de fùmǔ píng xìn jiù búgù Fǎlǎo de mìnglìng, ànàn de bǎ tā cángqǐlái.
>
> 모세가 태어난 후 그의 부모는 파라오의 명령에도 불구하고 믿음으로 몰래 모세를 숨겼다.

❖ 어휘설명

'不顾'는 어떤 인물이나 상황을 고려하지 않거나 상관하지 않음을 나타낸다. 명사, 대명사, 구를 목적어로 삼으며, 동태조사(了, 着, 过)와 같이 사용할 수 없다.

❖ 예문

➤ 只顾自己，不顾别人。

➤ 小王不顾妈妈的反对，硬要和那个女人结婚。

➤ 他不顾一切，拼命工作。

4 狼狈 형 낭패하다, 당황하다, 궁지에 빠지다, 매우 난처하다

> 耶和华在埃及施行十灾时，法老感到狼狈。
>
> Yēhéhuá zài Āijí shīxíng shí zāi shí, Fǎlǎo gǎndào lángbèi.
>
> 하나님께서 애굽 땅에 10차례 재앙을 일으키자, 파라오는 당혹스러워했다.

---

24) 成千上万(chéng qiān shàng wàn): 수천수만에 달하다.

❖ 어휘설명

'狼狈'는 상황이 곤란하거나 어려운 지경에 빠져 매우 난처하게 된 상태를 말한다. 목적어, 관형어, 술어, 부사어로 사용된다.

❖ 예문

➢ 看他那副狼狈样子，太可怜了。

➢ 半路上遇上一场大雨，非常狼狈。

➢ 小偷狼狈逃跑了。

5 只管 **부** 오로지, 그저, 줄곧, 시종일관

你们不要害怕，只管站着不动，看耶和华来拯救你们。

Nǐmen bú yào hàipà, zhǐguǎn zhàn zhe bú dòng, kàn Yēhéhuá lai zhěngjiù nǐmen.

너희는 두려워 말고 그저 가만히 서서 여호와께서 너희를 구원하시는 것을 보라.

❖ 어휘설명

'只管'은 어떠한 행위가 조건에 구애받지 않고 한결같이 행해지는 것을 나타낸다. 또한 어떤 하나에만 전념하는 태도를 나타내기도 한다. 부사어로 사용되고 주로 회화체에서 사용한다.

❖ 예문

➢ 他只管读书，不顾赚钱。

➢ 我儿子下课回来，只管玩。

➢ 他只管干活儿，一句也不说。

말씀 묵상하기

我是耶和华。我要领你们到我起誓赐给亚伯拉罕，以撒，雅各的那地，我要把那地赐给你们为产业。 (出 6:8)

Wǒ shì Yēhéhuá。Wǒ yào lǐng nǐmen dào wǒ qǐshì cìgěi Yàbólāhǎn, Yǐsā, Yǎgè de nà dì, wǒ yào bǎ nà dì cìgěi nǐmen wéi chǎnyè。

耶和华是我的力量，我的诗歌，也成了我的拯救。这是我的神，我要赞美他，是我父亲的神，我要尊崇他。 (出 15:2)

Yēhéhuá shì wǒ de lìliang, wǒ de shīgē, yě chéng le wǒ de zhěngjiù。zhè shì wǒ de shén, wǒ yào zànměi tā, shì wǒ fùqīn de shén, wǒ yào zūnchóng tā。

위대한 선지자 모세

성경말씀: 출애굽기 6장~14장

애굽으로 이주한 유대인들이 급속히 증가하자, 파라오는 그들이 많아지는 것을 걱정하였다. 이에 파라오는 "이스라엘 사람이 낳은 남자아이는 모두 죽여라." 하고 명령하였다. 이렇게 유대인들을 박해하는 배경 속에서 모세가 태어나게 되었다.

모세가 태어나자 모세의 부모는 파라오의 명령을 따르지 않고 믿음으로 몰래 모세를 숨겼다. 3개월 동안을 숨겨두었으나, 아이의 울음소리가 점차 커짐에 따라 다른 사람에게 쉽게 발견될 수 있어서 더 이상 숨길 수가 없었다. 모세의 어머니는 아이의 생명을 지키기 위해 갈대상자를 하나 구하여 아이를 상자 안에 넣고 남몰래 상자를 강가에 띄워 보냈다. 얼마 후 강가에 목욕하러 나온 애굽 공주가 상자를 발견하였다. 공주는 그가 이스라엘 사람의 아들인 것을 알았으나, 그를 자신의 아이로 기르기로 결심하였다. 파라오의 딸은 모세를 물에서 건져내고 그에게 이름을 지어 주었다. 모세의 이름은 히브리어로 '물에서 건져내다'의 의미이다.

모세가 성장하게 되자, 어느 날 모세는 이집트에 거주하는 유대인들을 데리고 이집트를 떠나 하나님이 허락한 젖과 꿀이 흐르는 땅 즉 가나안으로 가라는 하나님의 부름을 받았다. 하나님께서 모세에게 말씀하셨다. "나는 여호와라. 내가 아브라함과 이삭과 야곱에게 주기로 맹세한 땅으로 너희를 인도하고 그 땅을 너희에게 주어 기업을 삼게 하리라." 모세가 이 말을 이스라엘 자손들에게 전하였으나 그들은 모세의 말을 듣지 아니하였다.

여호와께서 모세에게 말씀하셨다. "너는 가서 애굽 왕 바로에게 이스라엘 자손을 그의 땅에서 내보내라고 하여라." 모세가 여호와 앞에 고하며 말하였다. "이스라엘 자손도 제 말을 듣지 않는데, 바로가 어찌 제 말을 듣겠습니까? 저는 말주변이 없습니다." 여호와께서 말씀하셨다. "너는 내가 너에게 명한 바를 네 형 아론에게 알리고, 그가 바로에게 말하여 이스라엘 자손을 애굽에서 나오게 하여라." 모세와 아론은 하나님께서 자기들에게 명하신 대로 행하였다.

여호와께서 말씀하시기를 "내가 애굽 땅에 많은 표적과 이적을 행할 것이다. 바로가 너희 말을 듣지 아니할 것이니, 내가 직접 애굽을 쳐서 이스라엘 자손을 애굽 땅에서 인도하여 낼 것이다." 하셨다. 여호와께서 애굽 땅에 10차례 재앙을 일으키자, 파라오는 몹시 당혹스러웠다. 밤에 바로가 모세와 아론을 불러서 말하였다. "너희는 이스라엘 자손을 데리고 떠나라! 너희의 말대로 가서 여호와를 섬기라." 이스라엘 자손들이 애굽 땅을 나올 때에 하나님께서는 그들을 광야 길로 우회하여 홍해를 향하여 나아가게 하셨다. 낮에는 구름기둥으로 길을 인도하시고, 밤에는 불기둥으로 비추어 밤낮으로 걷게 하셨으니 낮에는 구름기둥이 밤에는 불기둥이 백성들 앞에서 늘 떠나지 않았다.

어떤 이가 애굽 왕에게 이스라엘 백성들이 도망간 것을 아뢰자 왕과 신하들이 바로 전차를 준비해 그들을 뒤쫓아 왔다. 이스라엘 백성들은 바로가 뒤쫓아 오자 무척 두려웠다. 그들이 모세에게 말하였다. "당신은 어찌하여 우리를 데리고 나와 이 광야에게 죽게 만드는 것이오? 차라리 애굽에서 종노릇 하는 것이 광야에서 죽는 것보다 낫겠소." 그러자 모세가 백성들에게 말하였다. "너희는 두려워 말고 그저 가만히 서서 여호와께서 너희를 구원하시는 것을 보아라. 너희가 오늘 본 애굽 사람들을 다시는 보지 못하리라."

이스라엘 백성들이 앞으로 나아가 바닷가에 이르렀다. 모세가 손을 들어 바다를 향해 내밀자 바닷물이 갈라졌다. 이스라엘 백성들이 갈라진 바다 속 길을 걷자, 바닷물은 마치 양 벽처럼 양쪽으로 우뚝 솟아있었다. 애굽 사람들과 바로의 말들, 전차와 기마병들이 모두 다 그 뒤를 쫓아서 바다 가운데로 들어왔다.

여호와께서 모세에게 말씀하셨다. "바다 위로 지팡이를 내밀어 애굽 사람들과 전차들 그리고 기마병들 위에 물이 다시 흐르게 하여라." 이에 모세가 바다 위로 지팡이를 내밀자 바닷물이 원래대로 돌아왔다. 애굽 사람들이 물을 피해 달아나려고 하였으나 여호와께서 그들을 바다 가운데에 잠기게 하셨다. 바닷물이 전차들과 기병들을 덮쳐서 이스라엘 백성을 쫓아 바다에 들어간 바로의 군대는 한 명도 살아남지 못하였다.

그 날에 여호와께서 이스라엘 백성을 이와 같이 애굽 사람의 손에서 구원해 내셨다. 이스라엘 백성들은 여호와께서 행하신 큰 기적을 보고 여호와를 경외하며 그 종 모세를 믿게 되었다. 이때 모세와 이스라엘 자손들이 여호와를 칭송하며 말하였다. "그가 크게 승리하셨으니 내가 여호와를 찬송하리로다. 여호와는 나의 힘이요 노래시며 나의 구원이시로다. 그는 나의 하나님이시니 내가 그를 찬송할 것이요, 내 아비의 하나님이시니 내가 그를 높이리로다."

MEMO

雅各得到祝福

Yǎgè dédào zhùfú

圣经话语: 创世记 25章~35章

以扫与雅各[25]是亚伯拉罕的儿子以撒所生的双胞胎。

Yǐsǎo yǔ Yǎgè shì Yàbólāhǎn de érzi Yǐsā suǒ shēng de shuāngbāotāi.

他们虽然是双胞胎，但是两个人的性格大不相同。

Tāmen suīrán shì shuāngbāotāi, dànshì liǎng ge rén de xìnggé dà bù xiāngtóng.

两个孩子渐渐长大，以扫成为出色的猎人，他常在野外活动，而雅各为人安静，喜欢待在家中。

Liǎng gè háizi jiànjiàn zhǎngdà, Yǐsǎo chéngwéi chūsè de lièrén, tā cháng zài yěwài huódòng, ér Yǎgè wéirén ānjìng, xǐhuan dāizài jiāzhōng.

以撒爱以扫，因为他喜欢吃以扫带回来的野肉，以撒的妻子利百加却爱雅各。

---

25) 雅各(야곱): 아브라함의 손자이자 이삭의 작은 아들이다. 하나님께서 야곱의 이름을 이스라엘로 바꾸어 주셨고, 그의 12명의 아들은 후에 이스라엘 12지파의 시조가 되었다.

Yǐsā ài Yǐsǎo, yīnwèi tā xǐhuan chī Yǐsǎo dàihuílái de yěròu, Yǐsā de qīzi Lìbǎijiā què ài Yǎgè.

一天，雅各正在煮汤，以扫从野外回来，对雅各说：“我饿得要命！[26] 给我一些红汤吧！”

Yì tiān, Yǎgè zhèngzài zhǔ tāng, Yǐsǎo cóng yěwài huílái, duì Yǎgè shuō: "Wǒ è de yàomìng! Gěi wǒ yì xiē hóngtāng ba!"

雅各就说：“好吧。但要用你长子的名分来和我交换。”

Yǎgè jiù shuō: "Hǎo ba。Dàn yào yòng nǐ zhǎngzǐ de míngfèn lai hé wǒ jiāohuàn。"

以扫说：“我都快饿死了，那长子的名分对我又有什么用？”

Yǐsǎo shuō: "Wǒ dōu kuài èsǐ le, nà zhǎngzǐ de míngfèn duì wǒ yòu yǒu shénme yòng?"

雅各说：“你必须先发誓，你长子的名分现在属于我了。”

Yǎgè shuō: "Nǐ bìxū xiān fāshì, nǐ zhǎngzǐ de míngfèn xiànzài shǔyú wǒ le。"

以扫就发誓把长子的名分卖给他的弟弟雅各。

Yǐsǎo jiù fāshì bǎ zhǎngzǐ de míngfèn màigěi tā de dìdi Yǎgè。

然后，雅各给以扫一些饼和汤，以扫吃完就起身走了。

Ránhòu, Yǎgè gěi Yǐsǎo yì xiē bǐng hé tāng, Yǐsǎo chīwán jiù qǐshēn zǒu le。

这就是以扫轻看了自己的长子名分。

Zhè jiù shì Yǐsǎo qīngkàn le zìjǐ de zhǎngzi míngfèn。

以撒年老，不能看见，他就叫了大儿子以扫来，说：“我儿子！我现在已经老了，不知道哪一天就会死。现在你往田野去为我打猎，作成我喜欢的菜肴，拿来给我吃，让我在去世以前，先给你祝福。”

Yǐsā niánlǎo, bù néng kànjiàn, tā jiù jiào le dà érzi Yǐsǎo lái, shuō: "Wǒ érzi! Wǒ xiànzài yǐjīng lǎo le, bù zhīdào nǎ yì tiān jiù huì sǐ。Xiànzài nǐ wǎng tiányě qù wèi wǒ dǎliè, zuòchéng wǒ xǐhuan de càiyáo, nálái gěi wǒ chī, ràng wǒ zài qùshì yǐqián xiān gěi nǐ zhùfú。"

以撒的妻子利百加听到以撒说的话。

Yǐsā de qīzi Lìbǎijiā tīngdào Yǐsā shuō de huà。

---

26) 我饿得要命!(배고파 죽을 지경이다!): ‘要命’은 ‘심하다’, ‘죽을 지경이다’의 의미로, 정도보어에 쓰여서 상황이나 상태가 최고점에 달한 것을 나타낸다.(예: 疼得要命 / 热得要命 / 高兴得要命)

她对雅各说: "我听见你父亲对你哥哥以扫说的。我儿子! 你到羊群里去, 给我拿只肥山羊羔来, 我就拿它做成你父亲喜欢的菜肴, 然后你拿去给你父亲吃, 让他在去世之前先给你祝福。"

Tā duì Yǎgè shuō: "Wǒ tīngjiàn nǐ fùqīn duì nǐ gēge Yǐsǎo shuō de. Wǒ érzi! Nǐ dào yángqún lǐ qù, gěi wǒ ná zhī féi shānyánggāo lái, wǒ jiù ná tā zuòchéng nǐ fùqīn xǐhuan de càiyáo, ránhòu nǐ náqù gěi nǐ fùqīn chī, ràng tā zài qùshì zhīqián xiān gěi nǐ zhùfú.

雅各回答说: "可是你看, 我哥哥以扫浑身都是有毛的, 我的皮肤却是光滑的。要是父亲摸我, 怎么办? 他就会发现我在欺骗他, 那样他就不会祝福我, 反倒要诅咒我了。"

Yǎgè huídá shuō: "Kěshì nǐ kàn, wǒ gēge Yǐsǎo húnshēn dōu shì yǒu máo de, wǒ de pífū shì guānghuá de. Yàoshi fùqīn mō wǒ, zěnme bàn? Tā jiù huì fāxiàn wǒ zài qīpiàn tā, nàyàng tā jiù bú huì zhùfú wǒ, fǎndào yào zǔzhòu wǒ le."

他母亲却说: "儿子啊! 那就让诅咒落在我身上吧! 你只管照我说的去做, 把山样给我拿来。"

Tā mǔqīn què shuō: " Érzi a! Nà jiù ràng zǔzhòu luòzài wǒ shēnshang ba. Nǐ zhǐguǎn zhào wǒ shuō de qù zuò, bǎ shānyáng gěi wǒ nálái."

于是雅各出去拿山羊羔来, 交给他母亲, 她就照以撒所爱的作成可口的菜肴。

Yúshì Yǎgè chūqù ná shānyánggāo lái, jiāogěi tā mǔqīn, tā jiù zhào Yǐsā suǒ ài de zuòchéng kěkǒu de càiyáo.

利百加又从家里拿来以扫爱穿的衣服, 给小儿子雅各穿上, 并用山羊羔的皮包住雅各的手臂和脖子光滑的地方。

Lìbǎijiā yòu cóng jiāli nálái Yǐsǎo ài chuān de yīfu, gěi xiǎo érzi Yǎgè chuānshang, bìng yòng shānyánggāo de pí bāozhù Yǎgè de shǒubì hé bózi guānghuá de dìfang.

然后, 她把美食和烤饼交给雅各。

Ránhòu, tā bǎ měishí hé kǎobǐng jiāogěi Yǎgè.

雅各把食物拿到父亲面前, 说: "父亲! 我是你的长子以扫。我已照你的吩咐去做。请你坐起来吃, 好好儿给我祝福。"

Yǎgè bǎ shíwù nádào fùqīn miànqián, shuō: "Fùqīn! Wǒ shì nǐ de zhǎngzǐ Yǐsǎo.

Wǒ yǐ zhào nǐ de fēnfù qù zuò. Qǐng nǐ zuòqǐlái chī, hǎohāor gěi wǒ zhùfú."

以撒对雅各说: "儿子啊! 你过来, 让我摸摸你, 看你真是我的儿子以扫不是。"

Yǐsā duì Yǎgè shuō: "Érzi a! Nǐ guòlái, ràng wǒ mōmō nǐ, kàn nǐ zhēn shì wǒ de érzi Yǐsǎo bú shì."

雅各就接近父亲, 以撒摸着他, 说: "声音是雅各的声音, 手却是以扫的手。"

Yǎgè jiù jiējìn fùqīn, Yǐsā mō zhe tā, shuō: "Shēngyīn shì Yǎgè de shēngyīn, shǒu què shì Yǐsǎo de shǒu."

以撒就认不出雅各来, 因为他手上有毛, 就好好儿给雅各祝福。

Yǐsā jiù rènbuchū Yǎgè lái, yīnwèi tā shǒushàng yǒu máo, jiù hǎohāor gěi Yǎgè zhùfú.

以撒对雅各祝福完毕后, 雅各刚离开父亲, 他哥哥以扫就打猎回来了。

Yǐsā duì Yǎgè zhùfú wánbì hòu, Yǎgè gāng líkāi fùqīn, tā gēge Yǐsǎo jiù dǎliè huílái le.

以扫也作了美味, 拿来给他父亲。

Yǐsǎo yě zuò le měiwèi, nálái gěi tā fùqīn.

以撒说: "你是谁？"

Yǐsā shuō: "Nǐ shì shéi?"

以扫回答: "我是你的长子以扫。"

Yǐsǎo huídá: "Wǒ shì nǐ de zhǎngzǐ Yǐsǎo."

以撒颤抖不已, 说: "那刚才给我野味吃的又是谁呢？ 你来之前, 我已经吃了, 也为他祝福了, 那祝福一定会实现。"

Yǐsā chàndǒu bùyǐ, shuō: "Nà gāngcái gěi wǒ yěwèi chī de yòu shì shéi ne? Nǐ lái zhīqián, wǒ yǐjīng chī le, yě wèi tā zhùfú le, nà zhùfú yídìng huì shíxiàn."

以扫听了父亲的话, 就放声大哭说: "父亲啊! 那我呢? 求你也祝福我吧。"

Yǐsǎo tīng le fùqīn de huà, jiù fàngshēngdàkū shuō: "Fùqīn a! Nà wǒ ne? Qiú nǐ yě zhùfú wǒ ba."

以撒却说: "你弟弟欺哄了我, 把你的福分夺去了。"

Yǐsā què shuō: "Nǐ dìdi qīhǒng le wǒ, bǎ nǐ de fúfen duóqù le."

以扫因为父亲给雅各祝福，就怨恨雅各，心里说："我要杀我弟弟雅各。"

Yǐsǎo yīnwèi fùqīn gěi Yǎgè zhùfú, jiù yuànhèn Yǎgè, xīnli shuō: "Wǒ yào shā wǒ dìdi Yǎgè。"

利百加听了以扫的话，她就叫雅各来，对他说："你哥哥以扫要杀你，你逃到哈兰我哥哥拉班那里去[27]。你要在他那里住下，直到你哥哥的气消了为止。等你哥哥的气消了，我再派人叫你回来。"

Lìbǎijiā tīng le Yǐsǎo de huà, tā jiù jiào Yǎgè lái, duì tā shuō: "Nǐ gēge Yǐsǎo yào shā nǐ, nǐ táodaò hālán wǒ gēge Lābān nàli qù。Nǐ yào zài nàli zhùxià, zhídào nǐ gēge de qì xiāo le wéizhǐ。Děng nǐ gēge de qì xiāo le, wǒ zài pài rén jiào nǐ huílái。"

雅各到了舅舅家，在那里和舅舅的女儿利亚、拉结结婚了，跟她们住了20年。

Yǎgè dào le jiùjiu jiā, zài nàli hé jiùjiu de nǚ'ér Lìyà、Lājié jiéhūn le, gēn tāmen zhù le èr shí nián。

雅各在舅舅家里二十年，在这其间，他为了舅舅的两个女儿工作了十四年，为了羊群工作了六年，可是舅舅又没给他工钱。但雅各照顾和看守拉班的羊群，就发挥智慧，他变得非常富有，拥有许多羊群、男女仆婢、骆驼和驴。

Yǎgè zài jiùjiu jiāli èr shí nián, zài zhè qíjiān, tā wèile jiùjiu de liǎng ge nǚ'ér gōngzuò le shí sì nián, wèile yángqún gōngzuò le liù nián, kěshì jiùjiù yòu méi gěi tā gōngqián。Dàn Yǎgè zhàogù hé kānshǒu Lābān de yángqún, jiù fāhuī zhìhuì, tā biàn de fēicháng fùyǒu, yōngyǒu xǔduō yángqún、nánnǚ púbì、luòtuo hé lǘ。

之后，雅各带着所有的牲畜和家里人，要去往有父亲以撒那里的迦南。

Zhīhòu, Yǎgè dài zhe suǒyǒu de shēngchù hé jiāli rén, yào qùwǎng yǒu fùqīn Yǐsā nàli de jiānán。

雅各就离开舅舅家要回本土，半道上举目一看，见以扫带着四百人迎面而来。

Yǎgè jiù líkāi jiùjiu jiā yào huí běntǔ, bàndàoshàng jǔmù yí kàn, jiàn Yǐsǎo dài zhe sì bǎi

---

27) '哈兰(하란 Harran)'은 터키 남동부에 위치하고 있으며, 아브라함이 가나안에 도달하기 전 살았던 장소로 고대 중요한 도시가운데 하나이다. 야곱의 어머니 리브가는 원래 하란 출신으로 야곱이 에서에게 '장자권의 축복'을 가로채어 에서의 미움을 받게 되자 야곱을 외삼촌이 있는 하란으로 도피시켰다.

rén yíngmiàn ér lái。

雅各就把孩子分别交给利亚、拉结和来个侍妾。

Yǎgè jiù bǎ háizi fēnbié jiāogéi Lìyà、Lājié hé lái ge shìqiè。

他两个侍妾和她们的孩子走在前面，利亚和她的孩子跟在后面，拉结和她的孩子走在最后。

Tā liǎng ge shìqiè hé tāmen de háizi zǒuzài qiánmiàn, Lìyà hé tā de háizi gēnzài hòumiàn, Lājié hé tā de háizi zǒuzài zuìhòu。

雅各走在最前面。

Yǎgè zǒuzài zuì qiánmiàn。

当雅各快到哥哥跟前时，就一连七次俯伏在地上，才就接近以扫。

Dāng Yǎgè kuài dào gēge qēnqián shí, jiù yì lián qī cì fǔfúzài dìshang, cái jiù jiējìn Yǐsǎo。

以扫跑上来迎接他，跟他拥抱，又搂住他的脖子亲吻他，两人都哭了。

Yǐsǎo pǎoshànglái yíngjiē tā, gēn tā yōngbào, yòu lǒuzhù tā de bózi qīnwěn tā, liǎng rén dōu kū le。

后来，雅各终于到达了迦南地。

Hòulái, Yǎgè zhōngyú dàodá le Jiānándì。

神对雅各说："你起来，上伯特利去，要在那里筑一座祭坛。"

Shén duì Yǎgè shuō "Nǐ qǐlái, shàng bótèlì qù, yào zài nàli zhù yí zuò jitán。"

雅各筑完座祭坛就回来，神又向他显现，赐福给他，且说："你的名原来是雅各，从今以后不要再叫雅各，要叫以色列。"

Yǎgè zhùwán zuò jitán jiù huílái, shén yòu xiàng tā xiǎnxiàn, cìfú gěi tā, qiě shuō: "Nǐ de míng yuánlái shì Yǎgè, cóngjīn yǐhòu bú yào zài jiào Yǎgè, yào jiào Yǐsèliè。"

这样，他就改名叫以色列。

Zhèyàng, tā jiù gǎimíng jiào Yǐsèliè。

神又对他说："我是全能的神。你要多多繁衍。你要成为一个大国，甚至成为多国，你的子孙中必有君王。我赐给亚伯拉罕和以撒的土地，我也要赐给你与你的子孙。"

Shén yòu duì tā shuō: "Wǒ shì quánnéng de shén。 Nǐ yào duōduō fányǎn。 Nǐ yào chéngwéi yí ge dàguó, shènzhì chéngwéi dūoguó, nǐ de zǐsūnzhōng bì yǒu jūnwáng。 Wǒ cìgěi Yàbólāhǎn hé Yǐsā de tǔdì, wǒ yě yào cìgěi nǐ yǔ nǐ de zǐsūn。"

神就从跟雅各说话的地方升上去了。

Shén jiù cóng gēn Yǎgè shuōhuà de dìfang shēngshàngqù le。

雅各称那地方为伯特利(意思是"神的殿"),因为神在那里跟他说话。

Yǎgè chēng nà dìfang wéi Bótèlì(yìsi shì "shén de diàn"), yīnwéi shén zài nàli gēn tā shuōhuà。

生词

双胞胎	shuāngbāotāi	명	쌍둥이
性格	xìnggé	명	성격
相同	xiāngtóng	형	똑같다, 서로 같다
渐渐	jiànjiàn	부	점점, 점차
长大	zhǎngdà	동	자라다, 성장하다
猎人	lièrén	명	사냥꾼
安静	ānjìng	형	조용하다, 침착하다
野肉	yěròu	명	야생 고기
煮	zhǔ	동	삶다, 익히다, 끓이다
长子	zhǎngzǐ	명	장자, 맏아들, 장남
名分	míngfèn	명	명분, 본분, 직분
轻看	qīngkàn	동	경시하다, 얕보다, 가볍게 보다
年老	niánlǎo	형	연로하다, 나이가 많다
田野	tiányě	명	들, 들판, 전야
打猎	dǎliè	동	사냥하다
菜肴	càiyáo	명	요리, 반찬(주로 고기 요리를 말함)
肥	féi	형	살지다, 지방분이 많다
山羊羔	shānyánggāo	명	새끼 산양, 염소
可口	kěkǒu	형	맛있다, 입에 맞다
浑身	húnshēn	명	온몸, 전신
皮肤	pífū	명	피부
欺骗	qīpiàn	동	기만하다, 속이다
反倒	fǎndào	부	오히려, 도리어
手臂	shǒubì	명	팔뚝, 팔
脖子	bózi	명	목, 목덜미
饼	bǐng	명	떡
美味	měiwèi	명	별미
颤抖	chàndǒu	동	부들부들 떨다, 덜덜 떨다
不已	bùyǐ	동	그치지 않다, 그만두지 않다

野味	yěwèi	명	야생 동물 요리
放声大哭	fàngshēngdàkū	동	대성통곡하다, 목 놓아 울다
欺哄	qīhǒng	동	거짓말로 속이다, 속이다, 기만하다
福分	fúfen	명	복, 행운
怨恨	yuànhèn	명 / 동	원한, 원망(하다)
消	xiāo	동	사라지다, 없어지다, 가라앉다
舅舅	jiùjiu	명	외삼촌
羊群	yángqún	명	양떼
工钱	gōngqián	명	품삯
仆婢	púbì	명	남자 종과 여자 종, 비복
骆驼	luòtuo	명	낙타
驴	lú	명	나귀, 당나귀
之后	zhīhòu	명	~뒤, ~후
侍妾	shìqiè	명	첩, 시중을 드는 첩
俯伏	fǔfú	동	엎드리다
拥抱	yōngbào	동	포옹하다, 껴안다
搂	lǒu	동	품다
亲吻	qīnwěn	동	입 맞추다, 키스하다
升	shēng	동	오르다, 올라가다

고유명사

利百加	Lìbǎijiā	인명	리브가(이삭의 아내이자 에서와 야곱의 어머니)
哈兰	hālán	지명	하란(터키 남동부에 위치한 도시)
拉班	Lābān	인명	라반(리브가의 오빠이자 야곱의 외삼촌)
雅各	Yǎgè	인명	야곱(이삭의 작은 아들)
以扫	Yǐsǎo	인명	에서(이삭의 큰아들)
以撒	Yǐsā	인명	이삭(아브라함의 아들)
利亚	Lìyà	인명	레아(라반의 큰딸)
拉结	Lājié	인명	라헬(라반의 작은 딸)
以色列	Yǐsèliè	인명	이스라엘(야곱이 하나님께 받은 이름)
伯特利	Bótèlì	지명	벧엘(예수살렘 북쪽에 위치함. '하나님의 집'이라는 의미임)

어휘풀이

1 打猎 동 사냥하다

> 他哥哥以扫就打猎回来了。
>
> Tā gēge Yǐsǎo jiù dǎliè huílái le。
>
> 그의 형 에서가 사냥에서 돌아왔다.

❖ 어휘설명

'打猎'는 총이나 그 밖의 도구를 가지고 산이나 들에서 짐승을 잡는 행위를 말한다. 주어, 술어, 목적어, 관형어로 사용되고, 이합사(離合詞)[28]로 뒤에 목적어를 취할 수 없다.

❖ 예문

  ➤ 打猎是锻炼身体的好机会。

  ➤ 他喜欢打猎。

  ➤ 打猎的经验很丰富。

  ➤ 小王打了一个月的猎。

2 欺骗 동 기만하다, 속이다

> 父亲就会发现我在欺骗他。
>
> Fùqīn jiù huì fāxiàn wǒ zài qīpiàn tā。
>
> 아버지께서 내가 당신을 속이고 있다는 것을 알게 될 것이다.

❖ 어휘설명

'欺骗'은 거짓된 말이나 행동으로 사실을 은폐하고 다른 사람을 속이는 행위를 말한다. 주어, 술어, 목적어, 관형어로 사용되며, 술어로 사용될 때는 사람을 목적어로 취한다.

---

28) 이합사(离合词): '술어+목적어'의 구조를 이루는 동사 중, 술어와 목적어가 분리되어 중간에 다른 성분이 들어갈 수 있는 쌍음절 동사를 말한다.(예: 理发、洗澡、跳舞、见面、握手、帮忙 등)

❖ 예문

> 欺骗不能长久。

> 你欺骗不了妈妈。

> 如果不小心，你就会受到那个骗子的欺骗。

> 欺骗行为总有一天会暴露的。

3 反倒 ⓜ 오히려, 도리어

父亲就会发现我在欺骗他，那样他就不会祝福我，反倒要诅咒我了。

Fùqīn jiù huì fāxiàn wǒ zài qīpiàn tā, nàyàng tā jiù bú huì zhùfú wǒ, fǎndào yào zǔzhòu wǒ le.

아버지께서 내가 속이고 있다는 것을 알게 될 것이고, 그러면 축복은 고사하고 오히려 저에게 저주를 내리실 겁니다.

❖ 어휘설명

'反倒'는 앞문장의 의미와 상반되거나 예상한 것과 전혀 다르게 나타나는 상황을 표시한다. 부사어로 사용되어 동사(구)나 형용사(구) 술어를 수식한다. 주로 회화체에서 사용한다.

❖ 예문

> 我在公司没有感到压力，反倒有一种舒服的感觉。

> 已经是春天了，天气反倒冷气来了。

> 年岁大了，身体反倒更好了。

> 请他帮忙，反倒越帮越忙。

4 颤抖 ⓞ 부들부들 떨다, 덜덜 떨다

以撒颤抖不已，说：“那刚才给我野味吃的又是谁呢？

Yǐsā chàndǒu bùyǐ, shuō: "Nà gāngcái gěi wǒ yěwèi chī de yòu shì shéi ne?

이삭이 부들부들 떨며 말하였다. "그렇다면 방금 사냥한 고기를 나에게 가져단 준 자가 누구이냐?

❖ 어휘설명

'顫抖'는 예상치 못한 상황에 놀라거나 화가 날 때 또는 추운 날씨와 습관 등으로 인해 목소리나 신체가 떨리는 현상을 말한다. 술어로 사용 시 목적어를 가질 수 없다.

❖ 예문

➢ 妈妈的声音有点颤抖了。

➢ 因为天气很冷，孩子在街上浑身颤抖。

➢ 他两条腿颤抖得很厉害。

'顫抖'는 일반적인 사물이나 물체가 흔들림을 나타내기도 한다.

➢ 整排篱笆[29]都在寒风中颤抖。

5 拥抱 　통　포옹하다, 껴안다

> 以扫跑上来迎接他，跟他拥抱。
> Yǐsǎo pǎoshànglái yíngjiē tā, gēn tā yōngbào.
> 에서가 달려와 그를 맞이하며 포옹하였다.

❖ 어휘설명

'拥抱'는 친밀함 또는 우애를 드러내기 위하여 상대방을 끌어안는 행위를 말한다. 술어, 목적어, 관형어로 사용되며, 술어로 사용될 때 동태조사(了, 着, 过)와 같이 사용할 수 있고 보어와 결합할 수 있다.

❖ 예문

➢ 孩子们都喜欢妈妈的拥抱。

➢ 看着他们拥抱的场面，我不知不觉地流了眼泪。

➢ 妈妈紧紧拥抱着自己的孩子。

➢ 足球队得了冠军，大家欢呼拥抱起来。

---

29) 整排篱笆(zhěngpái líba): '울타리 전체'를 의미한다.

말씀 묵상하기

你的名原来是雅各，从今以后不要再叫雅各，要叫以色列。 (创 35:10)

Nǐ de míng yuánlái shì Yǎgè, cóngjīn yǐhòu bú yào zài jiào Yǎgè, yào jiào Yǐsèliè.

我是全能的神。你要多多繁衍。你要成为一个大国，甚至成为多
国，你的子孙中必有君王。我赐给亚伯拉罕和以撒的土地，我也要
赐给你与你的子孙。 (创 35:11-12)

Wǒ shì quánnéng de shén。nǐ yào duōduō fányǎn。Nǐ yào chéngwéi yí ge dàguó,
shènzhì chéngwéi dūoguó, nǐ de zǐsūnzhōng bì yǒu jūnwáng。Wǒ cìgěi Yàbólāhǎn
hé Yǐsā de tǔdì, wǒ yě yào cìgěi nǐ yǔ nǐ de zǐsūn。

축복 받은 야곱

성경말씀: 창세기 25장~35장

에서와 야곱은 아브라함의 아들 이삭이 낳은 쌍둥이 형제이다. 그들은 비록 쌍둥이였지만, 둘의 성격은 매우 달랐다. 두 아이는 자라서 에서는 훌륭한 사냥꾼이 되어 늘 밖에서 활동하였고, 야곱은 조용한 성격으로 집에 머물러 있는 것을 좋아하였다. 이삭은 에서가 사냥하여 가져온 고기를 좋아하여 에서를 사랑하고, 이삭의 아내 리브가는 야곱을 사랑하였다.

하루는 야곱이 죽을 끓이고 있는데, 에서가 들에서 돌아와서 야곱에게 말하였다. "배가 고파 죽겠으니 붉은 죽 좀 다오." 야곱이 대답하였다. "알았어요. 하지만 형이 가진 장자의 권리와 바꿔주세요." 에서가 말하였다. "내가 배고파 죽을 지경인데, 그깟 장자의 명분이 나에게 무슨 소용이란 말인가?" 그러자 야곱이 말하였다. "그럼 먼저 장자의 권리가 이제 제 것이라고 맹세해 주세요." 이에 에서가 장자의 권리를 그의 아우 야곱에게 판다고 맹세하였다. 그런 후에 야곱이 에서에게 떡과 죽을 주니, 에서가 먹고는 일어나서 나갔다. 에서는 이와 같이 장자의 권리를 가볍게 여겼다.

이삭이 나이가 들어 눈이 잘 보이지 않자, 맏아들 에서를 불러 말하였다. "아들아, 내가 이제 늙어서 언제 죽을지 모르겠구나. 너는 지금 들판에 나가서 나를 위해 사냥을 하고, 내가 좋아하는 음식을 만들어서 나에게 가져다 주려무나. 내가 죽기 전에 너를 축복하고자 한다."

이삭의 아내 리브가가 이삭이 에서에게 말하는 것을 듣고는 야곱에게 말하였다. "내가 너희 아버지께서 네 형 에서에게 말씀하신 것을 들었다. 아들아! 네가 염소 떼에 가서 좋은 염소새끼를 가져오면 내가 그것으로 너희 아버지가 좋아하시는 별미를 만들어줄 테니, 너는 그것을 가져다가 아버지께 드려 잡수시게 하고, 아버지가 돌아가시기 전에 먼저 너를 축복하게 하여라." 야곱이 대답하였다. "어머니 생각해 보세요. 에서 형은 몸에 털이 많고, 나는 피부가 매끈매끈한데, 아버지께서 나를 만져보면 어떻게 하나요? 내가 아버지를 속인다는 것을 아시면 축복은 고사하고 오히려 저에게 저주를 내리실 겁니다." 그러자 어머니 리브가가 야곱에게 말하였다. "너의 저주는 내게로 돌릴 것이니, 너는 내 말만 듣고 가서 염소를 가져오너라." 그리하여 야곱이 염소새끼를 어머니에게 가져다주니 그녀는 이삭이 즐기는 별미음식을 만들었다. 리브가는 맏아들 에서가 잘 입는 옷을 골라 작은 아들 야곱에게 입히고, 염소새끼의 털로 야곱의 매끈매끈한 손과 목을 꾸며주었다. 그런 후 그녀가 만든 별미음식과 떡을 야곱에게 주었다.

야곱은 음식을 가지고 아버지 앞에 가서 말하였다. "아버지! 아버지의 맏아들 에서입니다. 아버지께서 제게 명하신대로 하였으니 일어나 앉으셔서 잡수시고 저를 마음껏 축복해 주세요." 그러자 이삭이 야곱에게 말하였다. "내 아들아! 가까이 오너라. 네가 과연 내 아들 에서인지 한 번 만져보자." 야곱이 아버지 이삭에게 가까이 다가가니 이삭이 야곱의 손을 만지며 말하기를 "목소리는 야곱의 목소리이나, 손은 에서의 손이로구나." 하며 야곱의 손에 털이 있으므로 구분하지 못하고 야곱을 마음껏 축복하였다. 이삭이 야곱에게 축복을 마친 후 야곱이 아버지를 떠나자 형 에서가 사냥에서 돌아왔다. 에서가 별미음식을 만들어 아버지에게 가지고 가자 이삭이 물었다. "너는 누구이냐?" 에서가 대답하였다. "저는 아버지의 맏아들 에서입니다." 그러자 이삭이 부들부들 떨며 말하였다. "그렇다면 방금 사냥한 고기를 나에게 가져단 준 자가 누구란 말이냐? 네가 오기 전에 내가 다 먹고 그를 축복하였은즉 그가 복을 받을 것이니라." 에서가 아버지의 말을 듣고 대성통곡하며 말하였다. "아버지! 저는요? 제발 저도 축복해주세요." 이삭이 말하였다. "네 아우가 나를 속여 네 복을 빼앗아갔구나." 에서는 아버지가 야곱을 축복한 것으로 인해 야곱을 미워하며 마음속으로 말하였다. "내가 내 아우 야곱을 죽일 것이다."

리브가가 에서가 하는 말을 듣고 야곱을 불러 말하였다. "네 형 에서가 너를 죽이려고 하니, 너는 외삼촌 라반이 있는 하란으로 가서 형의 화가 풀릴 때까지 그곳에 있어라. 에서의 화가 풀리면 내가 너를 다시 부르겠다." 그리하여 야곱은 외삼촌의 집으로 가게 되었고, 그곳에서 외삼촌의 딸 레아와 라헬과 결혼하여 20년간 살았다. 야곱은 20년간 외삼촌 집에 살면서 외삼촌의 두 딸을 위하여 14년간 봉사하고, 양떼들을 6년간 돌보았으나 외삼촌은 야곱에게 품삯을 주지 않았다. 그러나 야곱은 라반의 양떼를 지키고 돌보면서 지혜를 발휘하여 매우 부유해졌고, 수많은 양떼와 하인 및 낙타와 나귀를 소유하게 되었다.

그 후 야곱은 모든 가축과 가족들을 데리고, 아버지 이삭이 있는 가나안 땅으로 다시 가려고 하였다. 야곱이 외삼촌 집을 떠나 본토로 돌아가는 길에 눈을 들어 보니 에서 형이 하인 사백 명을 거느리고 다가오고 있었다. 야곱은 아이들을 레아와 라헬과 두 여종에게 맡기고, 두 여종과 그들의 자식들은 앞에 두고, 레아와 그의 자식들은 그 뒤에, 라헬과 그의 자식들은 제일 뒤쪽에 두고, 자신은 제일 앞에서 걸었다. 야곱이 형 앞에 나아가 땅에 일곱 번 절하고 형에게 다가가니, 에서가 달려와 그를 맞이하며 포옹하였다. 또 그의 목을 껴안고 입 맞추자 에서와 야곱 모두 눈물을 흘렸다.

그 후에 야곱은 마침내 가나안에 도달하였다. 하나님께서 야곱에게 말씀하셨다. "너는 일어나 벧엘로 올라가서 그곳에 제단을 쌓으라." 야곱이 제단을 쌓고 돌아오니 하나님께서 나타나 그에게 복을 주시고 말씀하시기를 "내가 다시는 너를 야곱이라 부르지 않고 이스라엘이라 부르리라." 하셨다. 이리하여 야곱이 이스라엘로 이름이 바뀌었다. 또 그에게 말씀하시기를 "나는 전능한 하나님이라. 생육하며 번성하라. 너는 대국을 이룰 것이고, 심지어 많은 나라를 이룰 것이니 너의 자손 중에 반드시 왕이 있으리라. 내가 아브라함과 이삭에게 준 땅을 너와 네 후손에게도 주리라." 하시고는 야곱을 떠나 올라가셨다. 야곱은 하나님이 그와 말씀하신 곳의 이름을 벧엘(의미는 "하나님의 집"이다)이라 하였다.

제6과

智慧之王—所罗门

Zhìhuì zhī wáng-Suǒluómén

 圣经话语: 列王记上 2章~3章

大卫死后，所罗门継承王位，他的王国十分坚固。

Dàwèi sǐ hòu, Suǒluómén jìchéng wángwèi, tā de wángguó shífēn jiāngù.

所罗门爱耶和华，遵行他父亲大卫的律法，他在丘坛上献了一千头祭牲作燔祭。[30]

Suǒluómén ài Yēhéhuá, zūnxíng tā fùqīn Dàwèi de lǜfǎ, tā zài qiūtánshàng xiàn le yì qiān tóu jìshēng zuò fánjì.

当天夜里，耶和华在所罗门梦中显现说："你想要什么？你求吧。我一定赐给你。"

Dāngtiān yèli, Yēhéhuá zài Suǒluómén mèngzhōng xiǎnxiàn shuō: "Nǐ xiǎng yào shénme? Nǐ qiú ba。Wǒ yídìng cìgěi nǐ。"

所罗门说："我父亲大卫用诚实、公义、正直的心行在你面前，你就向他大

---

30) 丘坛: 하나님께 번제를 드리는 제단을 일컫는 말이다.

施恩典。现在你使我坐在他的王位上。<u>耶和华</u>我的神阿！你使我接替我父亲<u>大卫</u>作王，但我就像一个不懂事的小孩。我身在你捡选的百姓当中，他们多得不可胜数[31]。求你赐给我智慧，使我能好好治理你的百姓，能明辨是非。"

Suǒluómén shuō: "Wǒ fùqīn Dàwèi yòng chéngshí、gōngyì、zhèngzhí de xīn xíngzài nǐ miànqián, nǐ jiù xiàng tā dà shī ēndiǎn. Xiànzài nǐ shǐ wǒ zuòzài tā de wángwèishàng. Yēhéhuá wǒ de shén a! Nǐ shǐ wǒ jiētì wǒ fùqīn Dàwèi zuò wáng, dàn wǒ jiù xiàng yí ge bù dǒngshì de xiǎohái. Wǒ shēn zài nǐ jiǎnxuǎn de bǎixìng dāngzhōng, tāmen duō de bù kě shèng shǔ. Qiú nǐ cìgěi wǒ zhìhuì, shǐ wǒ néng hǎohǎo zhìlǐ nǐ de bǎixìng, néng míngbiàn shìfēi."

<u>所罗门</u>求智慧，主就喜悦他。

Suǒluómén qiú zhìhuì, zhǔ jiù xǐyuè tā。

神对他说："你既然求智慧，而没有求长寿或富贵，也没有求夺取你仇敌的性命，我一定会把你所求的赐给你！我要赐你一颗智慧和聪明，在你以前没有像你的，在你以后也没有像你的。"

Shén duì tā shuō: "Nǐ jìrán qiú zhìhuì, ér méi yǒu qiú chángshòu huò fùguì, yě méi yǒu qiú duóqǔ nǐ chóudí de xìngmìng, wǒ yídìng huì bǎ nǐ suǒ qiú de cìgěi nǐ! Wǒ yào cì nǐ yì kē zhìhuì hé cōngmíng, zài nǐ yǐqián méi yǒu xiàng nǐ de, zài nǐ yǐhòu yě méi yǒu xiàng nǐ de。"

又说："你没有求财富和名望，但我要把这些也赐给你。你在一生中，世上没有君王能与你相比。如果你追随我，遵守我的法令和戒命，像你父亲<u>大卫</u>所做的那样，我就会赐你长寿。"

Yòu shuō: "Nǐ méi yǒu qiú cáifù hé míngwàng, dàn wǒ yào bǎ zhè xiē yě cìgěi nǐ. Nǐ zài yìshēngzhōng, shìshàng méi yǒu jūnwáng néng yǔ nǐ xiāngbǐ. Rúguǒ nǐ zhuīsuí wǒ, zūnshǒu wǒ de fǎlìng hé jièmìng, xiàng nǐ fùqīn Dàwèi suǒ zuò de nàyàng, wǒ jiù huì cì nǐ chángshòu。"

<u>所罗门</u>醒来，原来是个梦[32]。

Suǒluómén xǐnglái, yuánlái shì ge mèng。

有一天，有两个妓女来到王面前。

---

31) 他们多得不可胜数。(그들은 셀 수 없을 정도로 많다.): '得'는 동사나 형용사 뒤에 쓰여 정도나 양태를 나타내는 보어를 연결시키는 구조조사이다.

32) 原来是个梦。(알고 보니 꿈이었다.): '原来'는 실제상황을 알아차렸을 때 사용한다.

Yǒu yì tiān, yǒu liǎng ge jìnǚ láidào wáng miànqián。

其中一个人说: "我主阿! 请听我说, 这女人跟我住在一起。她跟我都在屋里的时候, 我生了一个孩子。过了三天, 这女人也生了一个孩子。屋里只有我们两个人, 没有别人了。夜里, 这女人睡着的时候, 压到自己孩子身上, 孩子就死了。她半夜起来, 趁我睡着, 就从我旁边把我的孩子抱去, 放在她怀里, 把她的死孩子放在我怀里。天要亮的时候, 我起来要给我的孩子吃奶, 不料孩子死了。我子细察看, 发现那根本不是我的孩子。"

Qízhōng yí ge rén shuō: "Wǒ Zhǔ a! Qǐng tīng wǒ shuō, zhè nǚrén gēn wǒ zhùzài yìqǐ。 Tā gēn wǒ dōu zài wūli de shíhou, wǒ shēng le yí ge háizi。 Guò le sān tiān, zhè nǚrén yě shēng le yí ge háizi。 Wūli zhǐyǒu wǒmen liǎng ge rén, méi yǒu biérén le。 Yèli, zhè nǚrén shuìzháo de shíhòu, yādào zìjǐ de háizi shēnshang, háizi jiù sǐ le。 Tā bànyè qǐlái, chèn wǒ shuìzháo, jiù cóng wǒ pángbiān bǎ wǒ de háizi bàoqù, fàngzài tā huáili, bǎ tā de sǐ háizi fàngzài wǒ huáili。 Tiān yào liàng de shíhòu, wǒ qǐlái yào gěi wǒ de háizi chī nǎi, búliào, háizi sǐ le。 Wǒ zǐxī chákàn, fāxiàn nà gēnběn bú shì wǒ de háizi。"

另一个女人说: "不。活孩子是我的, 死孩子是你的。"

Lìng yí ge nǚrén shuō: "Bù。 Huó háizi shì wǒ de, sǐ háizi shì nǐ de。"

第一个女人又说: "不对。活孩子是我的, 死孩子是你的。"

Dì yí ge nǚrén yòu shuō: "Bú duì。 Huó háizi shì wǒ de, sǐ háizi shì nǐ de。"

她们就在王面前如此争论。

Tāmen jiù zài wáng miànqián rúcǐ zhēnglùn。

所罗门王心理说: "两个女人互相说 '活孩子是我的, 死孩子是你的。'。"

Suǒluóménwáng xīnli shuō: "Liǎng ge nǚrén hùxiāng shuō 'huó háizi shì wǒ de, sǐ háizi shì nǐ de。'。"

他就吩咐仆人说: "好。给我把刀拿来。"

Tā jiù fēfu púrén shuō: "Hǎo。 Gěi wǒ bǎ dāo nálái。"

仆人就拿了一把刀[33]给王。

Púrén jiù ná le yì bǎ dāo gěi wáng。

---

33) 一把刀(칼 한 자루): '把'는 손잡이가 달린 물건을 셀 때 쓰는 양사로, 칼이나 우산 등을 셀 때 사용한다.

王说: "把活孩子劈成两半，一半给这个女人，一半给那个女人。"

Wáng shuō: "Bǎ huó háizi pīchéng liǎngbàn, yíbàn gěi zhè ge nǚrén, yíbàn gěi nà ge nǚrén."

这时，那孩子真正的母亲心里急痛，就说: "我主啊! 不要这样! 把孩子给她吧，请不要杀这孩子。"

Zhè shí, nà háizi zhēnzhèng de mǔqīn xīnli jítòng, jiù shuō: "Wǒ zhǔ a! Bú yào zhèyàng! Bǎ háizi gěi tā ba, qǐng bú yào shā zhè háizi."

另一个女人却说: "好。把孩子分了吧! 这孩子不归我，也不归你。"

Lìng yí ge nǚrén què shuō: "Hǎo. Bǎ háizi fēn le ba. Zhè háizi bù guī wǒ, yě bù guī nǐ."

王说: "不要杀那孩子。把他给那个希望他存活的女人。她实在是孩子的母亲。"

Wáng shuō: "Bú yào shā nà háizi. Bǎ tā gěi nà ge xīwàng tā cúnhuó de nǚrén. Tā shízài shì háizi de mǔqīn."

以色列众人听到王的裁决之后，都敬畏他，因为百姓看见了他心理有上帝的智慧，能以公正断案[34]。

Yǐsèliè zhòngrén tīngdào wáng de cáijué zhīhòu, dōu jìngwèi tā, yīnwèi bǎixìng kànjiàn le tā xīnli yǒu shàngdì de zhìhuì, něngyǐ gōngzhèng duàn'àn.

---

34) 能以公正断案。(안건/사건을 공정하게 판정할 수 있다.): '能以'는 '…할 수 있다'의 의미이다.

生词

継承	jìchéng	통	이어받다, 계승하다
坚固	jiāngù	형	견고하다
遵行	zūnxíng	통	좇아서 행하다
律法	lǜfǎ	명	율법, 법률, 법도
丘坛	qiūtán	명	산당(신을 예배하는 장소)
献	xiàn	통	바치다
祭牲	jìshēng	명	제물
燔祭	fánjì	명	번제(짐승을 통째로 불에 구워 제물로 바치는 제사)
梦	mèng	명	꿈
显现	xiǎnxiàn	통	나타나다, 드러나다
诚实	chéngshí	형	성실하다, 진실하다
公义	gōngyì	명	공의
正直	zhèngzhí	형	정직하다, 바르고 곧다
施	shī	통	시행하다, 실행하다, 베풀다
恩典	ēndiǎn	명	은혜
接替	jiētì	통	대신하다, 인계하다
懂事	dǒngshì	통	사리를 분별하다, 철들다
捡选	jiǎnxuǎn	통	고르다, 골라 뽑다
不可胜数	bù kě shèng shǔ	통	많아서 일일이 다 셀 수 없다
治理	zhìlǐ	통	다스리다, 통치하다, 관리하다
明辨	míngbiàn	통	명백히 구별하다, 명백히 가리다
是非	shìfēi	명	시비, 잘잘못, 옳음과 그름
智慧	zhìhuì	명	지혜
喜悦	xǐyuè	형	기쁘다
求	qiú	통	구하다
既然	jìrán	접	이미 이렇게 된 바에야, 기왕 그렇게 된 이상
长寿	chángshòu	명	장수

富贵	fùguì	명	부귀
夺取	duóqǔ	동	빼앗다, 탈취하다
仇敌	chóudí	명	원수
性命	xìngmìng	명	생명
颗	kē	양	알, 방울(둥글고 작은 알맹이 모양과 같은 것을 세는 데 쓰임)
像	xiàng	동	(마치) ~와 같다
财富	cáifù	명	부(富), 재물
名望	míngwàng	명	명망, 좋은 명성
相比	xiāngbǐ	동	비교하다, 서로 견주다
追随	zhuīsuí	동	뒤쫓아 따르다, 추종하다
遵守	zūnshǒu	동	준수하다, 지키다
法令	fǎlìng	명	법령
戒命	jièmìng	명	계명
醒	xǐng	동	잠에서 깨다
不料	búliào	부	뜻밖에, 의외로
妓女	jìnǚ	명	창기, 기녀
屋里	wūli	명	집안, 방안
夜里	yèli	명	밤, 밤중
睡着	shuìzháo	동	잠들다
压	yā	동	누르다, 압력을 가하다
趁	chèn	개	(때나 기회를) 이용해서, 틈타서
抱	bào	동	껴안다
怀里	huáili	명	품속, 자기 쪽
天亮	tiānliàng	동	날이 밝다
吃奶	chīnǎi	동	젖을 빨다
子细	zǐxì	형	자세하다, 세밀하다
察看	chákàn	동	살피다
根本	gēnběn	부	전혀, 아예
如此	rúcǐ	대	이와 같다
争论	zhēnglùn	명 / 동	논쟁(하다), 쟁론(하다)

劈	pī	동	쪼개다
急痛	jítòng	동	가슴 아파하다
归	guī	동	돌아가다, 돌려주다, …에 속하다
存活	cúnhuó	동	살려 두다, 생존하게 하다, 생존하다
实在	shízài	부	확실히, 참으로, 정말로
裁决	cáijué	동	판결하다
公正	gōngzhèng	형	공정하다, 공평하다
断案	duàn'àn	동	안건을 판결하다

고유명사

| 所罗门 | Suǒluómén | 인명 | 솔로몬(이스라엘의 제3대 왕으로 지혜의 왕으로 칭송됨) |

어휘풀이

1 治理 图 다스리다. 통치하다. 관리하다.

> 求你赐给我智慧，使我能好好治理你的百姓，能明辨是非。
> Qiú nǐ cìgěi wǒ zhìhuì, shǐ wǒ néng hǎohǎo zhìlǐ nǐ de bǎixìng, néng míngbiàn shìfēi。
> 저에게 지혜를 주셔서 당신의 백성을 잘 다스리게 하시고 시비를 분별하게 하옵 소서.

❖ 어휘설명

'治理'는 어떤 지역이나 국가 또는 백성 등을 도맡아 다스리거나, 일정한 목적 에 따라 자연환경이나 병충해 등을 관리하는 것을 의미한다. 술어, 목적어, 관 형어로 사용되고, 술어로 사용될 때는 동태조사(了, 过)와 같이 사용할 수 있으 며, 보어와도 결합할 수 있다.

❖ 예문

➢ 要治理好一个国家是很不容的事。

➢ 我们在政府的指导下很快治理了病虫害。

➢ 经过治理，生态环境恢复生机了。

➢ 这座山到现在也没治理好。

2 不料 图 뜻밖에, 의외에, 의외로

> 我起来要给我的孩子吃奶，不料孩子死了。
> Wǒ qǐlái yào gěi wǒ de háizi chī nǎi, búliào, háizi sǐ le。
> 내가 아이에게 젖 먹이려고 일어나 보니 뜻밖에도 아이가 죽어있었습니다.

❖ 어휘설명

'不料'는 뜻밖의 상황이나 생각지 못한 경우를 강조할 때 사용한다. 부사어로 사용되고 복문에서 두 번째 문장의 첫머리에 놓이며[35], 주로 역접을 나타내는 부사 '竟', '却', '倒' 등과 같이 사용된다.

❖ 예문

➢ 本来打算今天去南山，不料竟下起了大雨。

➢ 多年不见的老朋友，不料却在中国遇到了。

➢ 我以为他会反对的，不料倒同意了。

3 趁 개 (때·기회를) 이용해서, …봐서, …빌어서, …틈타서

> 她半夜起来，趁我睡着，就从我旁边把我的孩子抱去，放在她怀里。
>
> Tā bànyè qǐlái, chèn wǒ shuìzháo, jiù cóng wǒ pángbiān bǎ wǒ de háizi bào qù, fàngzài tā huáili.
>
> 그녀가 밤중에 일어나서 내가 잠든 사이에 내 곁에 있는 아이를 데려다가 자신의 품에 뉘었습니다.

❖ 어휘설명

'趁'은 목적어와 결합하여 개사구를 이루며, 어떤 조건이나 기회를 이용하여 일을 진행하는 것을 나타낸다. 주로 회화에서 사용되고, '趁'의 목적어가 이음절 이상인 경우 '趁着'를 사용할 수 있다.

❖ 예문

➢ 趁热赶快喝吧。

➢ 趁星期天去看电影吧。

➢ 趁着在美国学习的机会，旅游了不少地方。

➢ 妹妹趁着妈妈不注意，又吃了一个奶糖。

---

35) 예: 今天本来该上听力课，老师不料没来。(×)→今天本来该上听力课，不料老师没来。(○)

4 根本 부 전혀, 아예

> 我仔细察看，发现那**根本**不是我的孩子。
>
> Wǒ zǐxī chákàn, fāxiàn nà gēnběn bú shì wǒ de háizi.
>
> 제가 자세히 살펴보니 그 아이는 전혀 제 아이가 아니었습니다.

❖ 어휘설명

'根本'은 '전혀', '아예'의 의미로 부정문에 주로 쓰인다. '根本'은 수식하는 술어 앞에 놓이며, 만일 술어 앞에 다른 부사어가 있으면 다른 부사어 바로 앞에 놓아야 한다.[36]

❖ 예문

> ➤ 这个人我根本不认识。
> ➤ 这里夏天根本不热。
> ➤ 大家根本不同意他的意见。

'철저히', '완전히'의 의미도 지닌다.

> ➤ 事情已经根本好转了。
> ➤ 吃饭的问题已经根本解决了。

5 争论 명 / 동 논쟁 / 논쟁하다

> 她们就在王面前如此**争论**。
>
> Tāmen jiù zài wáng miànqián rúcǐ zhēnglùn.
>
> 여인들은 왕 앞에서 이와 같이 다투기 시작하였다.

❖ 어휘설명

'争论'은 둘 이상의 사람이 서로 다른 견해에 대해서 말이나 글로 옳고 그름을 따지거나 다투는 행위를 말한다. 주어, 술어, 목적어 등으로 사용되고, 술어로 사용될 때는 보어와 결합할 수 있다.

---

36) 예: 根本我就没去过上海。(×)→我根本就没去过上海。(○)

❖ 예문

➢ 在街上争论发生了。

➢ 我没有参加他们的争论。

➢ 他们意见完全相反，争论得很厉害。

➢ 父母一死，子女们就争论起遗产来了。

말씀 묵상하기

我父亲<u>大卫</u>用诚实、公义、正直的心行在你面前，你就向他大施恩典。

(王上 3:6)

Wǒ fùqīn Dàwèi yòng chéngshí、gōngyì、zhèngzhí de xīn xíngzài nǐ miànqián, nǐ jiù xiàng tā dà shī ēndiǎn。

我要赐你一颗智慧和聪明，在你以前没有像你的，在你以后也没有像你的。

(王上 3:12)

Wǒ yào cì nǐ yì kē zhìhuì hé cōngmíng, zài ni yǐqián méi yǒu xiàng nǐ de, zài nǐ yǐhòu yě méi yǒu xiàng nǐ de。

지혜의 왕 솔로몬

성경말씀: 열왕기상 2장~3장

다윗이 죽고, 솔로몬이 왕위를 계승하자 나라가 무척 부강해졌다. 솔로몬이 여호와를 사랑하여 그의 아버지 다윗의 법도를 좇아 행하고, 산당에서 천 마리의 제물로 번제를 드렸다. 그날 밤에 여호와께서 솔로몬의 꿈에 나타나 말씀하셨다. "네가 원하는 것을 구하라. 내가 반드시 너에게 주겠노라." 그러자 솔로몬이 말하였다. "제 아버지 다윗이 성실과 공의와 정직한 마음을 주 앞에 행하여서, 주께서 그에게 큰 은혜를 베푸셨습니다. 이제 주께서 아버지를 이어 저를 그의 왕위에 앉게 하셨습니다. 나의 하나님 여호와여! 주께서 저를 아버지 다윗을 대신하여 왕으로 삼으셨습니다만 저는 철없는 어린아이와 같습니다. 주께서 택하신 백성들 가운데 제가 있사오나 저들은 셀 수 없을 만큼 숫자가 많습니다. 저에게 지혜를 주셔서 주의 백성을 잘 다스리게 하시고 시비를 분별하게 하옵소서."

솔로몬이 지혜를 구하자 주가 기뻐하였다. 하나님께서 그에게 말씀하셨다. "네가 장수나 부귀를 구하지 아니하고 네 원수의 목숨을 빼앗는 것도 구하지 아니하며 오직 지혜를 구하였으니, 내가 반드시 너에게 네가 원하는 것을 주겠노라. 또한 내가 너에게 지혜와 총명한 마음을 줄 것이니, 너의 앞에도 너와 같은 사람이 없었거니와 너의 뒤에도 너와 같은 사람이 없을 것이다." 또 말씀하시기를 "네가 부귀와 영광을 구하지 않았으나, 내가 이것들도 너에게 주겠노라. 네 일생동안 세상의 어느 왕도 너와 비교될 수 없을 것이다. 네가 만일 네 아버지 다윗이 행한 대로 내 법도와 명령을 지키고 나를 따르면 내가 너를 장수하게 할 것이다." 하셨다. 솔로몬이 깨어나 보니 꿈이었다.

하루는 두 명의 여인이 솔로몬 왕 앞에 이르렀다. 그중 한 여인이 말하였다. "내 주여! 제 말 좀 들어보소서. 이 여인은 저와 같이 살고 있습니다. 우리 둘이 집에 있을 때 제가 아이를 낳았습니다. 해산한 지 삼일 째 되는 날에 이 여인도 아이를 낳았는데 집안에는 우리 둘 외에 아무도 다른 사람이 없었습니다. 그런데 밤에 이 여인이 잠결에 자신의 아이를 깔아뭉개서 아이가 죽었습니다. 제가 잠든 사이에 그녀가 밤중에 일어나서 제 곁에 있는 아이를 가져다가 자신의 품에 뉘이고 자신의 죽은 아이를 제 품에 두었습니다. 동이 틀 무렵 제가 아이에게 젖을 먹이려고 일어나 보니 뜻밖에도 아이가 죽어있었습니다. 제가 자세히 들여다보았는데 그 아이는 제 아이가 아니었습니다." 그러자 다른 여인이 말하였다. "아니에요. 산 아이가 내 아이고, 죽은 아이가 당신 아이예요." 다시 첫 번째 여인이 말하였다. "아니에요. 산 아이가 내 아이고, 죽은 아이가 당신 아이예요." 여인들은 왕 앞에서 이와 같이 다투기 시작하였다.

솔로몬 왕은 속으로 말하기를 "두 여자가 서로 살아있는 아이가 자기의 아이라 하고, 죽은 아이를 상대방의 아이라 하는구나." 하고는 신하들에게 "알겠다. 내게로 칼을 가져오너라." 하고 명령하였다. 그러자 신하들이 왕에게 칼을 가져다주었다. 왕이 말하였다. "아이를 둘로 나누어 반쪽은 이 여인에게 주고 다른 반쪽은 저 여인에게 주어라."

이때 아이의 진짜 어머니가 애통해하며 왕께 아뢰었다. "내 주여, 그러지 마옵소서. 아이를 저 여인에게 주고 제발 죽이지 마옵소서." 그러나 다른 여인은 말하기를 "좋소. 아이를 반으로 나눕시다. 이 아이는 내 아이도 안 될 테고 당신 아이도 안 될 테니." 라고 하였다. 그러자 왕이 말하였다. "아이를 죽이지 말라. 아이를 살려달라고 하는 저 여인에게 아이를 주거라. 그녀가 정말로 아이의 어머니로다."

이스라엘 백성들은 왕의 이러한 판결을 듣고 모두 그를 경외하였다. 왜냐하면 백성들은 왕의 마음속에 공정하게 판결할 수 있는 하나님의 지혜가 있는 것을 보았기 때문이다.

제7과

永恒的信仰祖先—亚伯拉罕

Yǒnghéng de xìnyǎng zǔxiān-Yàbólāhǎn

 圣经话语: 创世记 12章~25章

亚伯拉罕是挪亚的后裔，本名为亚伯兰。

Yàbólāhǎn shì Nuóyà de hòuyì, běnmíng wéi Yàbólán。

耶和华对亚伯兰说："你要离开你的家乡，你的亲人和父家，到我将要指示你的地方去。"

Yēhéhuá duì Yàbólán shuō: "Nǐ yào líkāi nǐ de jiāxiāng, nǐ de qīnrén hé fùjiā, dào wǒ jiāng yào zhǐshì nǐ de dìfang qù。"

又说："我要叫你成为大国，并要赐福给你，叫你的名声为大，你将会成为别人的祝福。凡是祝福你的，我要赐福给他，凡是诅咒你的，我要诅咒他。地上所有的家族都要借着你得福。"

Yòu shuō: "Wǒ yào jiào nǐ chéngwéi dàguó, bìng yào cìfú gěi nǐ, jiào nǐ de míngshēng wéi dà, nǐ jiāng huì chéngwéi biérén dé zhùfú。 Fánshì zhùfú nǐ de, wǒ yào cìfú géi tā, fánshì zǔzhòu nǐ de, wǒ yào zǔzhòu tā。 Dìshang suǒyǒu de jiāzú dōu yào jiè zhe nǐ dé fú。"

亚伯兰和他妻子往迦南地去，他们住在那里。

Yàbólán hé tā qīzi wǎng Jiānándì qù, tāmén zhùzài nàli.

亚伯兰的妻子撒莱未能为他生孩子。

Yàbólán de qīzi Sālái wèi néng wèi tā shēng háizi.

撒莱有一个使女，名叫夏甲，是埃及人。

Sālái yǒu yí ge shǐnǚ, míng jiào Xiàjiǎ, shì Āijírén.

撒莱对亚伯兰说：“耶和华一直不让我有孩子37)，你去跟我的使女同睡吧，也许我可以借着她得到孩子。

Sālái duì Yàbólán shuō: "Yēhéhuá yìzhí bú ràng wǒ yǒu háizi, nǐ qù gēn wǒ de shǐnǚ tóngshuì ba, yěxǔ wǒ keyǐ jiè zhe tā dédào háizi.

亚伯兰听从了撒莱的话，亚伯兰与夏甲同睡，夏甲就怀了孕。

Yàbólán tīngcóng le Sālái de huà, Yàbólán yǔ Xiàjiǎ tóngshuì, Xiàjiǎ jiù huái le yùn.

她知道自己有了身孕，就瞧不起她的女主人撒莱。

Tā zhīdao zìji yǒu le shēnyùn, jiù qiáobuqǐ tā de nǚzhǔren Sālái.

后来夏甲给亚伯兰生了一个儿子，给他起名叫以实玛利。

Hòulái Xiàjiǎ gěi Yàbólán shēng le yí ge érzi, gěi tā qǐmíng jiào Yǐshímǎlì.

亚伯兰九十九岁的时候，耶和华向他显现说：“我是全能的神。你当在我面前作完全人。我要与你立约，让你的后裔极其繁多。”

Yàbólán jiǔ shí jiǔ suì de shíhou, Yēhéhuá xiàng tā xiǎnxiàn shuō: "Wǒ shì quánnéng de shén。 Nǐ dāng zài wǒ miànqián zuò wánquán rén。 Wǒ yào yǔ nǐ lìyuē, ràng nǐ de hòuyì jíqí fánduō。"

神又对他说：“从此以后，你的名不再叫亚伯兰，要叫亚伯拉罕，因为你要作多国的父。”38)

Shén yòu duì tā shuō: "Cóngcǐ yǐhòu, nǐ de míng bú zài jiào Yàbólán, yào jiào Yàbólāhǎn,

---

37) 耶和华一直不让我有孩子。(여호와께서 줄곧 내게 아이가 없게 하셨다.): '让'은 사역문에 사용되어 '…하게 하다, …하도록 시키다'의 의미를 지닌다. 부정문은 '让' 앞에 '不'나 '别'를 넣는다.(예: 妈妈 不让我去. 엄마가 나를 못 가게 한다.)

38) '亚伯拉(아브람)'은 '큰아버지, 존귀한 아버지'라는 의미이고, '亚伯拉罕(아브라함)'은 '열국(列国)의 아버지'라는 의미이다.

yīnwèi nǐ yào zuò duōguó de fù。"

神又对亚伯拉罕说："你的妻子不再叫撒莱，她要叫撒拉。我要赐福给她，让她给你生一个儿子。"

Shén yòu duì Yàbólāhǎn shuō: "Nǐ de qīzi bú zài jiào Sālái, tā yào jiào Sālā。Wǒ yào cìfú gěi tā, ràng tā gěi nǐ shēng yí ge érzi。"

亚伯拉罕就俯伏在地，喜笑，心里说："我这一百岁的人怎能生孩子呢？撒拉已经九十岁了，还怎能生孩子呢？"

Yàbólāhǎn jiù fǔfúzài dì, xǐxiào, xīnli shuō: "Wǒ zhè yì bǎi suì de rén zěn néng shēng háizi ne? Sālā yǐjīng jiǔ shí suì le, hái zěn néng shēng háizi ne?"

他对神说："但愿以实玛利活在你面前。"

Tā duì shén shuō: "Dànyuàn Yǐshímǎlì huózài nǐ miànqián。"

神说："不。你妻子撒拉要给你生一个儿子，你要给他起名叫以撒。至于以实玛利，我要赐福给他，让他昌盛极其繁多。"

Shén shuō: "Bù。Nǐ qīzi Sālā yào gěi nǐ shēng yí ge érzi, nǐ yào gěi tā qǐmíng jiào Yǐsā。Zhìyú Yǐshímǎlì, wǒ yào cìfú gěi tā, ràng tā chāngshèng jíqí fánduō。"

神说完了话，就离开他上升去了。

Shén shuōwán le huà, jiù líkāi tā shàngshēngqù le。

耶和华照他所说的话给撒拉成就，撒拉怀了孕。

Yēhéhuá zhào tā suǒ shuō de huà gěi Sālā chéngjiù, Sālā huái le yùn。

到神所说的日期，就生了一个儿子，亚伯拉罕给他的儿子起名叫以撒。

Dào shén suǒ shuō de rìqī, jiù shēng le yí ge érzi, Yàbólāhǎn gěi tā de érzi qǐmíng jiào Yǐsā。

以撒生的时候，亚伯拉罕一百岁。

Yǐsā shēng de shíhou, Yàbólāhǎn yì bǎi suì。

之后，神要试验亚伯拉罕，就呼叫他说："你带着你的儿子，就在我要指示你的山上，把他献为燔祭。"

Zhīhòu, shén yào shìyàn Yàbólāhǎn, jiù hūjiào tā shuō: "Nǐ dài zhe nǐ de érzi, jiù zài wǒ yào zhǐshì nǐ de shānshàng, bǎ tā xiànwéi fánjì。"

亚伯拉罕清早起来，带着两个仆人和他儿子<u>以撒</u>，就往神所指示的地方去了。

Yàbólāhǎn qīngzǎo qǐlái, dài zhe liǎng ge púrén hé tā érzi Yǐsā, jiù wǎng shén suǒ zhǐshì de dìfang qù le。

亚伯拉罕对仆人说："你们在此等一下。我跟孩子往那里去拜一拜，然后再回来。"

Yàbólāhǎn duì púrén shuō："Nǐmén zài cǐ děngyíxià。Wǒ gēn háizi wǎng nàli qù bài yi bài, ránhòu zài huílái。"

亚伯拉罕把燔祭的柴放在<u>以撒</u>肩上，而自己就拿上了火和刀。

Yàbólāhǎn bǎ fánjì de chái fàngzài Yǐsā jiānshàng, ér zìjǐ jiù náshàng le huǒ hé dāo。

<u>以撒</u>对他父亲<u>亚伯拉罕</u>说："父亲哪，火与柴都有了，但燔祭的羊羔在哪里呢？"

Yǐsā duì tā fùqīn yàbólāhǎn shuō："Fùqīn na, huǒ yǔ chái dōu yǒu le, dàn fánjì de yánggāo zài nǎli ne？"

亚伯拉罕说："儿子啊，神必会预备燔祭的羊羔。"

Yàbólāhǎn shuō："Érzi a, shén bì huì yùbèi fánjì de yánggāo。"

于是，二人就继续向前走，他们到了神所指示的地方。

Yúshì, èrrén jiù jìxù xiàng qián zǒu, tāmen dào le shén suǒ zhǐshì de dìfang。

亚伯拉罕在那里就筑了一座祭坛，把柴摆好，然后把儿子<u>以撒</u>捆起来放在祭坛的柴上，伸手拿刀，要杀他的儿子。

Yàbólāhǎn zài nàli jiù zhù le yí zuò jìtán, bǎ chái bǎihǎo, ránhòu bǎ érzi Yǐsā kǔnqǐlái fàngzài jìtán de cháishàng, shēn shǒu ná dāo, yào shā tā de érzi。

　　就在这时，<u>耶和华</u>的天使从天上呼叫他说：

　　Jiù zài zhè shí, Yēhéhuá de tiānshǐ cóng tiānshàng hūjiào tā shuō:

"<u>亚伯拉罕</u>！<u>亚伯拉罕</u>！你不要对孩子下手。不要伤害孩子。现在我知道你真是敬畏上帝的。你没有把你的儿子留下不给我。"

"Yàbólāhǎn！Yàbólāhǎn！Nǐ bú yào duì háizi xiàshǒu。Bú yào shānghài háizi。Xiànzài wǒ zhīdao nǐ zhēn shì jìngwèi shàngdì de。Nǐ méi yǒu bǎ nǐ de érzi liúxià bù gěi wǒ。"

亚伯拉罕举目观看，有一只公羊在后面。

Yàbólāhǎn jǔmù guānkàn, yǒu yì zhī gōngyáng zài hòumiàn。

亚伯拉罕就取了那只公羊来，献为燔祭，代替他的儿子。

Yàbólāhǎn jiù qǔ le nà zhī gōngyáng lái, xiànwéi fánjì, dàitì tā de érzi。

亚伯拉罕给那地方起名叫耶和华以勒。(意思就是耶和华必会预备。)

Yàbólāhǎn gěi nà dìfang qǐmíng jiào Yēhéhuáyǐlè。(Yìsi jiù shì Yēhéhuá bì huì yùbèi。)

耶和华的天使再次从天上呼叫亚伯拉罕说："因为你顺服我，甚至连你独生子都不留下，我必定赐福给你，使你的子孙多得像天上的星，海边的沙一样数不胜数。并且地上所有的民族都要借着你的子孙得福。这完全是因为你听从了我的话。"

Yēhéhuá de tiānshǐ zàicì cóng tiānshàng hūjiào Yàbólāhàn shuō: "Yīnwèi nǐ shùnfú wǒ, shènzhì lián nǐ dúshēngzǐ dōu bù liúxià, wǒ bìdìng cìfú gěi nǐ, shǐ nǐ de zǐsūn duō de xiàng tiānshàng de xīng, hǎibiān de shā yíyàng shǔ bú shèng shǔ。 Bìngqiě dìshang suǒyǒu de mínzú dōu yào jiè zhe nǐ de zǐsūn défú。 Zhè wánquán shì yīnwèi nǐ tīngcóng le wǒ de huà。"

然后，亚伯拉罕回到他仆人那里，一起返回别是巴，继续在那里居住。

Ránhòu, Yàbólāhǎn huídào tā púrén nàli, yìqǐ fǎnhuí Biéshìbā, jìxù zài nàli jūzhù。

亚伯拉罕活到一百七十五岁。

Yàbólāhǎn huódào yì bǎi qī shí wǔ suì。

他死了以后，神赐福给他的儿子以撒。

Tā sǐ le yǐhòu, shén cìfú gěi tā de érzi Yǐsā。

生词

祖先	zǔxiān	명	조상
后裔	hòuyì	명	후예
家乡	jiāxiāng	명	고향
指示	zhǐshì	명 / 동	지시(하다), 가리키다
得福	défú	동	복을 얻다
祝福	zhùfú	동	축복하다
使女	shǐnǚ	명	여종, 하녀
听从	tīngcóng	동	듣다, 따르다, 순종하다
怀孕	huáiyùn	동	임신하다
身孕	shēnyùn	명	임신, 회임
瞧不起	qiáobuqǐ	동	깔보다, 무시하다
全能	quánnéng	형	전능의, 만능의
繁多	fánduō	형	대단히 많다, 풍부하다
俯伏	fǔfú	동	엎드리다
喜笑	xǐxiào	동	기뻐서 웃다, 즐거워 웃다
但愿	dànyuàn	동	단지 ~을 원하다
昌盛	chāngshèng	형	번창하다, 번성하다, 왕성하다
上升	shàngshēng	동	상승하다, 올라가다
成就	chéngjiù	명	성취, 성과, 업적
日期	rìqī	명	날짜, 기간
之后	zhīhòu		그 후, 그 뒤
试验	shìyàn	명 / 동	시험(하다)
呼叫	hūjiào	동	큰소리로 부르다, 외치다
独生子	dúshēngzǐ	명	외아들, 독자
清早	qīngzǎo	명	이른 아침, 새벽
拜	bài	동	예배드리다
柴	chái	명	장작

肩	jiān	명	어깨
羊羔	yánggāo	명	어린 양
筑	zhù	동	쌓다, 건축하다
捆	kǔn	동	묶다, 잡아매다
伤害	shānghài	동	해치다, 상해하다
举目	jǔmù	동	눈을 들어 보다
观看	guānkàn	동	보다, 관찰하다, 관람하다
代替	dàitì	동	대체하다
沙	shā	명	모래
顺服	shùnfú	동	순종하다, 복종하다
甚至	shènzhì	부	심지어, ~까지도, ~조차도
数不胜数	shǔ bú shèng shǔ	동	헤아릴 수 없이 많다, 일일이 다 셀 수 없다
返回	fǎnhuí	동	되돌아가다

고유명사

亚伯拉罕	Yàbólāhǎn	인명	아브라함(고대 이스라엘의 첫 족장으로 믿음의 조상으로 일컬어짐)
亚伯兰	Yàbóllán	인명	아브람(아브라함의 처음 이름)
撒莱	Sālái	인명	사래(사라의 처음 이름)
夏甲	Xiàjiǎ	인명	하갈(아브라함의 첩이자 이스마엘의 어머니)
以实玛利	Yǐshímǎlì	인명	이스마엘(아브라함과 하갈 사이에서 태어난 아들)
撒拉	Sālā	인명	사라(아브라함의 아내)
以撒	Yǐsā	인명	이삭(아브라함과 사라 사이에서 태어난 아들)
耶和华以勒	Yēhéhuáyǐlè	칭호	여호와이레('하나님께서 준비하신다'의 의미임)
别是巴	Biéshìbā	지명	브엘세바(이스라엘의 도시)

어휘풀이

1 指示 **명/동** 지시 / 지시하다, 가리키다

> 亚伯拉罕清早起来，带着两个仆人和他儿子以撒，就往神所指示的地方去了。
>
> Yàbólāhǎn qīngzǎo qǐlái, dài zhe liǎng ge púrén hé tā érzi Yǐsā, jiù wǎng shén suǒ zhǐshì de dìfang qù le.
>
> 아브라함이 아침에 일찍 일어나 두 사환과 그의 아들 이삭을 데리고 하나님께서 지시한 곳으로 갔다.

❖ 어휘설명

'指示'는 윗사람이 아랫사람에게 어떻게 하라고 일러서 시키는 말이나 문자 또는 그 행위를 말한다. 주어, 술어, 목적어, 관형어로 사용되고, 술어로 사용될 때는 명사나 대명사, 주술구39)를 목적어로 취한다. 또한 '了', '过'와 같이 사용할 수 있다.

❖ 예문

> ➤ 今天早上指示改变了。
> ➤ 校领导指示我们五点以前全部离开学校。
> ➤ 我忘了上级的指示。
> ➤ 教育部指示过学校，学生负担不能太重。

타인에게 가리켜 보이는 행위를 나타내기도 한다.

> ➤ 他指示了去学校的方向。

---

39) 주술구: 주어와 술어로 이루어진 단문

2 瞧不起 [동] 깔보다, 무시하다

> 她知道自己有了身孕，就瞧不起她的女主人。
> Tā zhīdao zìji yǒu le shēnyùn, jiù qiáobuqǐ tā de nǚzhǔren.
> 하갈은 자기가 임신한 것을 깨닫고 그 여주인을 멸시하였다.

❖ 어휘설명

'瞧不起'는 타인을 무시하거나 얕잡아 보는 행위를 말한다. 주로 회화체에 사용되고, '看不起'와 같은 의미로 쓰인다.

❖ 예문

➢ 你太瞧不起人了。

➢ 城里人不要再瞧不起乡下人了!

➢ 瞧不起我的人都爱上我了。

3 试验 [명]/[동] 시험 / 시험하다

> 神要试验亚伯拉罕。
> Shén yào shìyàn Yàbólāhǎn.
> 하나님께서 아브라함을 시험하고자 하였다.

❖ 어휘설명

'试验'은 어떤 결과 또는 어떤 물건의 성능을 살펴보기 위하여 실제로 알아보고 평가하는 활동을 말한다. 주어, 술어, 목적어, 관형어로 사용되고, 술어로 사용될 때는 명사나 명사구를 목적어로 취하며 보어와 결합할 수 있다.

❖ 예문

➢ 这次实验失败了。

➢ 他正在实验这台电脑的各种性能。

➢ 经过许多次的临床实验，新药终于问世了。

➢ 实验结果昨晚出来了。

➢ 机器还没到，实验不了。

4 照 개 …대로, …에 따라

> 耶和华照他所说的话给撒拉成就，撒拉怀了孕。
>
> Yēhéhuá zhào tā suǒ shuō de huà gěi Sālā chéngjiù, Sālā huái le yùn.
>
> 여호와께서 그의 말씀대로 사라에게 이루시니 사라가 임신하게 되었다.

❖ 어휘설명

'照'는 행위나 동작이 근거하는 준칙을 가리키며 명사나 명사구 목적어와 함께 개사구를 이루어 술어를 수식한다.

❖ 예문

➤ 他每天照计划行动。

➤ 我们应该照上帝的旨意去生活。

➤ 照你说的那样做。

➤ 这件事照他的意见办吧。

5 代替 동 대신하다, 대체하다

> 亚伯拉罕就取了那只公羊来，献为燔祭，代替他的儿子。
>
> Yàbólāhǎn jiù qǔ le nà zhī gōngyáng lái, xiànwéi fánjì, dàitì tā de érzi.
>
> 아브라함은 가서 그 숫양을 가져다가 아들을 대신하여 번제로 드렸다.

❖ 어휘설명

'A代替B'는 'A가(로) B를 대신하다'의 의미이다. '代替'는 술어, 목적어, 관형어로 사용되고, 술어로 사용 시 명사, 대명사, 구를 목적어로 취하며 보어와 결합할 수 있다.

❖ 예문

➤ 我今天不舒服，不能开车了，谁可以代替我?

➤ 办公室里还不够代替的人员。

➤ 坏的父母代替孩子做事，让孩子被动成长。

➤ 这种手工劳动机器代替不了。

말씀 묵상하기

我是全能的神。你当在我面前作完全人。 (创 17:1)

Wǒ shì quánnéng de shén. Nǐ dāng zài wǒ miànqián zuò wánquán rén.

我必定赐福给你，使你的子孙多得像天上的星，海边的沙一样数不胜数。并且地上所有的民族都要借着你的子孙得福。 (创 22:17-18)

Wǒ bìdìng cìfú gěi nǐ, shǐ nǐ de zǐsūn duō de xiàng tiānshàng de xīng, hǎibiān de shā yíyàng shǔ bú shèng shǔ. Bìngqiě dìshang suǒyǒu de mínzú dōu yào jiè zhe nǐ de zǐsūn défú.

영원한 믿음의 조상 아브라함

성경말씀: 창세기 12장~25장

아브라함은 노아의 후손으로, 본래 이름은 아브람이었다. 여호와께서 아브람에게 말씀하셨다. "너는 너의 고향과 친척, 아버지의 집을 떠나 내가 너에게 지시한 땅으로 가거라." 또 말씀하시기를 "내가 너로 큰 민족을 이루고 복을 주어 네 이름을 창대케 하리니 너는 복의 근원이 될지라. 너를 축복하는 사람에게는 내가 복을 내리고 너를 저주하는 사람에게는 내가 저주를 내릴 것이니, 땅의 모든 민족이 너로 말미암아 복을 받을 것이다." 하셨다. 이에 아브람은 그의 아내와 가나안 땅으로 들어가 거주하였다.

아브람의 아내 사래는 아이를 낳지 못하였다. 그녀에게는 여종이 한 명 있었는데 애굽 사람으로 이름은 하갈이라 불렸다. 사래가 아브람에게 말하였다. "여호와께서 나에게 아이를 가지지 못하게 하시니, 당신은 나의 여종과 동침하소서. 내가 그녀에게서 자녀를 얻을까 합니다." 아브람이 사래의 말을 듣고 하갈과 동침하자, 하갈이 임신하게 되었다. 하갈은 자기가 임신한 것을 알고서 그 여주인 사래를 멸시하였다. 후에 하갈은 아브람의 아들을 낳았고 이스마엘이라 이름지어주었다.

아브람이 구십구 세 때에 여호와께서 그에게 나타나 말씀하셨다. "나는 전능한 하나님이라. 너는 내 앞에서 완전하게 행하라. 내가 너에게 약속하리니 너를 크게 번성하게 하리라." 또 말씀하시기를 "앞으로는 네 이름을 아브람이라 하지 말고 아브라함이라 하리니, 이는 네가 열국의 아비가 되게 함이니라." 하셨다. 하나님께서 다시 아브라함에게 말씀하셨다. "네 아내는 이름을 사래라 하지 말고 그녀의 이름을 사라라 하라. 내가 반드시 그녀를 축복하여 아들을 하나 낳게 하겠노라."

아브라함이 엎드려 속으로 웃으며 말하였다. "백 세 된 사람이 어찌 자식을 낳겠는가? 사라는 이미 구십 세이거늘 어찌 아이를 낳을 수 있겠는가?" 그러고는 하나님께 "이스마엘이나 하나님 앞에 살기를 원합니다." 라고 하였다. 하나님께서 말씀하시기를 "아니니라. 네 아내 사라가 정녕 네 아들을 낳으리니 너는 그의 이름을 이삭이라 하라. 이스마엘은 내가 반드시 축복하여, 그가 창대하고 번성케 하겠노라." 하셨다. 하나님이 말씀을 마치시고 아브라함을 떠나 올라가셨다.

여호와께서 사라에게 말씀하신대로 이루시니 사라가 임신을 하게 되었고, 하나님이 말씀하신 때에 아들을 낳으니, 아브라함이 그에게 이삭이라 이름지어주었다. 이삭이 태어날 때에 아브라함의 나이가 백 세였다.

후에 하나님께서 아브라함을 시험하시려고 그를 불러서 말씀하셨다. "너는 너의 아들을 데리고 내가 너에게 일러주는 산에서 그를 번제물로 바쳐라." 아브라함이 아침에 일찍 일어나 두 사환과 그의 아들 이삭을 데리고 하나님께서 지시한 곳으로 갔다. 이에 아브라함이 사환에게 말하였다. "너희는 여기서 기다리고 있어라. 내가 아이와 함께 저리로 가서 예배를 드리고 다시 돌아오겠다." 아브라함이 번제에 쓸 나무를 이삭의 어깨에 지우고 자신은 불과 칼을 챙겼다. 이삭이 아브라함에게 물었다. "아버지, 불과 나무는 있는데 번제로 바칠 어린 양은 어디에 있습니까?" 아브라함이 대답하였다. "아들아, 번제로 바칠 어린 양은 하나님께서 친히 준비하실 것이다." 그리고는 두 사람은 계속하여 앞으로 걸어가서 하나님이 지시하신 곳에 이르렀다. 아브라함은 그곳에 제단을 쌓고 땔나무를 놓은 후, 그의 아들 이삭을 결박하여 제단 나무 위에 올려놓고 손을 내밀어 칼을 잡고 그 아들을 죽이려 하였다.

이때 여호와의 사자가 하늘에서부터 아브라함을 불러 말하였다. "아브라함아! 아브라함아! 그 아이에게 손을 대지 말거라. 아이를 다치게 하지 말거라. 네가 너의 아들도 아끼지 아니하였으니, 네가 하나님을 경외하는 줄을 내가 이제 알겠노라."

아브라함이 눈을 들어 보니 숫양 한마리가 뒤쪽에 있었다. 아브라함은 그 숫양 한 마리를 가져다가 아들을 대신하여 번제를 드렸다. 아브라함이 그 땅 이름을 '여호와이레'라 하였다.('여호와께서 준비하시다'의 의미이다.)

여호와의 사자가 다시 하늘로부터 아브라함을 불러 말하였다. "네가 나에게 순종하여 너의 독자인 아들도 아끼지 않았으니, 내가 반드시 너에게 큰 복을 내리고, 네 자손들을 하늘의 별과 바닷가의 모래같이 많게 하겠노라. 또 네 후손으로 인하여 천하 만민이 복을 얻으리니 이는 네가 나의 말을 따랐기 때문이다."

그리고 나서 아브라함이 종에게로 돌아와 함께 브엘세바로 가서 계속 그곳에서 살았다. 아브라함은 백 칠십 오세까지 살았는데, 그가 죽은 후에 하나님께서 그의 아들 이삭에게 복을 내려주셨다.

MEMO

人类的祖先-亚当

Rénlèi de zǔxiān-Yàdāng

 圣经话语: 创世记 1章~3章

耶和华就按照自己的形像造人。

Yēhéhuá jiù ànzhào zìjǐ de xíngxiàng zào rén.

在他们被造的日子，神赐福给他们，说："你们要多多繁衍，遍布大地，并要管治它。你们要管辖海里的鱼，空中的鸟，及地上所有爬行的动物。"

Zài tāmen bèi zào de rìzi, shén cìfú gěi tāmen, shuō: "Nǐmen yào duōduō fányǎn, biànbù dàdì, bìng yào guǎnzhì tā. Nǐmen yào guǎnxiá hǎilǐ de yú, kōngzhōng de niǎo, jí dìshang suǒyǒu páxíng de dòngwù.

耶和华用地上的尘土造人，把生命的气息吹进人的鼻孔里，那人就成了有生命的活人，他名叫亚当。

Yēhéhuá yòng dìshang de chéntǔ zào rén, bǎ shēngmìng de qìxī chuījìn rén de bíkǒnglǐ, nà rén jiù chéng le yǒu shēngmìng de huórén, tā míng jiào Yàdāng.

耶和华在东方的伊甸立了一个园子，把所造的人安置在那里。

Yēhéhuá zài dōngfāng de Yīdiàn lì le yí ge yuánzi, bǎ suǒ zào de rén ānzhìzài nàli.

园子当中又有生命树[40]和分别善恶的树。

Yuánzi dāngzhōng yòu yǒu shēngmìngshù hé fēnbié shàn'è de shù.

耶和华叫亚当照管、看守伊甸园，就吩咐他说："园中任何树上的果子，你都可以随意吃。只是分别善恶树上的果子，你不可以吃，你吃了就必定会死。"

Yēhéhuá jiào Yàdāng zhàoguǎn、kānshǒu Yīdiànyuán, jiù fēnfù tā shuō: "Yuánzhōng rènhé shùshàng de guǒzi, nǐ dōu keyǐ suíyì chī. Zhǐshì fēnbié shàn'è shùshàng de guǒzi, nǐ bù kěyǐ chī, nǐ chī le jiù bìdìng huì sǐ."

耶和华说："亚当独自一人不好，我要为他造一个配偶帮助他。"

Yēhéhuá shuō: "Yàdāng dúzì yìrén bù hǎo, wǒ yào wèi tā zào yí ge pèi'ǒu bāngzhù tā."

耶和华使他沉睡，他就睡了。

Yēhéhuá shǐ tā chénshuì, tā jiù shuì le.

于是取下他的一条肋骨，用那条肋骨造了一个女人，把她带到亚当面前。

Yúshì qǔxià tā de yì tiáo lèigǔ, yòng nà tiáo lèigǔ zào le yí ge nǚrén, bǎ tā dàidào Yàdāng miànqián.

亚当说："这是我骨中的骨，肉中的肉。"

Yàdāng shuō: "Zhè shì wǒ gǔzhōng de gǔ, ròuzhōng de ròu."

亚当给他妻子起名叫夏娃。

Yàdāng gěi tā qīzi qǐmíng jiào Xiàwá.

当时夫妻二人赤身露体，并不感到羞耻。

Dāngshí fūqī èr rén chìshēnlùtǐ, bìngbù gǎndào xiūchǐ.

耶和华所造的所有野兽中，蛇是最狡猾的。

Yēhéhuá suǒ zào de suǒyǒu yěshòuzhōng, shé shì zuì jiǎohuá de.

---

40) 生命树(shēngmìngshù 생명 나무): 하나님이 에덴동산 한가운데에 심은 영원한 삶을 주는 열매를 지닌 나무

蛇对女人说："神真是不许你们吃园中所有树上的果子吗？"

Shé duì nǚrén shuō: "Shén zhēnshì bùxǔ nǐmen chī yuánzhōng suǒyǒu shùshàng de guǒzi ma？"

女人对蛇说："园中树上的果子，我们都可以吃。只是园子中央那棵树的果子，我们不许吃，也不可摸。神说我们若做了，就会死。"

Nǚrén duì shé shuō: "Yuánzhōng shùshàng de guǒzi, wǒmen dōu kěyǐ chī。Zhǐshì yuánzi zhōngyāng nà kē shù de guǒzi, wǒmen bùxǔ chī, yě bù kě mō。Shén shuō wǒmen ruò zuò le, jiù huì sǐ。"

蛇对女人说："你们不会死的。因为神知道，你们一吃那果子，眼睛就开了，你们就会像神一样，知道善恶。"

Shé duì nǚrén shuō: "Nǐmen bú huì sǐ de。Yīnwèi shén zhīdao, nǐmen yì chī nà guǒzi, yǎnjīng jiù kāi le, nǐmen jiù huì xiàng shén yíyàng, zhīdao shàn'è。"

　　女人被说服了。她见那棵树的果子很好看，也很好吃，就是摘下其中的一些果子吃了，还给她丈夫，她丈夫也吃了。

　　Nǚrén bèi shuōfú le。Tā jiàn nà kē shù de guǒzi hěn hǎokàn, yě hěn hǎochī, jiùshi zhāixià qízhōng de yì xiē guǒzi chī le, hái gěi tā zhàngfu, tā zhàngfu yě chī le。

那时，他们的眼睛开了，才知道自己是赤身露体，感到羞耻，就拿无花果树的叶子编起来遮盖自己。

Nà shí, tāmen de yǎnjīng kāi le, cái zhīdao zìjǐ shì chìshēnlùtǐ, gǎndào xiūchǐ, jiù ná wúhuāguǒ shù de yèzi biānqǐlái zhēgài zìjǐ。

亚当和他妻子就藏在园里的树木中，躲避耶和华神。

Yàdāng hé tā qīzi jiù cángzài yuánlǐ de shùmùzhōng, duǒbì Yēhéhuáshén。

　　神呼唤亚当对他说："你在哪里?"

　　Shén hūhuàn Yàdāng duì tā shuō: "Nǐ zài nǎli？"

他说："我在园中听见你的声音，我就害怕，因为我赤身露体，我就藏起来了。"

Tā shuō: "Wǒ zài yuánzhōng tīngjiàn nǐ de shēngyīn, wǒ jiù hàipà, yīnwèi wǒ chìshēnlùtǐ, wǒ jiù cángqǐlái le。"

耶和华说："我吩咐你不可吃的那树上的果子，是不是你吃了？"

Yēhéhuá shuō: "Wǒ fènù nǐ bù kě chī de nà shùshàng de guǒzi, shì bu shì nǐ chī le？"

亚当说: "是你给我的女人把果子给我，我就吃了。

Yàdāng shuō: "Shì nǐ gěi wǒ de nǚrén bǎ guǒzi gěi wǒ, wǒ jiù chī le。

神对女人说: "你到底做了什么？"41)

Shén duì nǚrén shuō "Nǐ dàodǐ zuò le shénme？"

女人说: "那蛇引诱我，我就吃了。"

Nǚrén shuō: "Nà shé yǐnyòu wǒ, wǒ jiù chī le。"

神对蛇说: "你作了这事，就要因此受诅咒，你要用肚子行走，终身吃土。"

Shén duì shé shuō: "Nǐ zuò le zhè shì, jiù yào yīncǐ shòu zǔzhòu, nǐ yào yòng dùzi xíngzǒu, zhōngshēn chī tǔ。"

又对女人说: "你生产儿女必多受痛苦。"

Yòu duì nǚrén shuō: "Nǐ shēngchǎn érnǚ bì duō shòu tòngkǔ。"

又对亚当说: "你既然听了妻子的话，吃了我所吩咐你不可吃的那树上的果子，地必为你的缘故受到诅咒。你要终身劳苦，才能从地里得到吃的。你本是尘土，就要归回尘土。"

Yòu duì Yàdāng shuō: "Nǐ jìrán tīng le qīzi de huà, chī le wǒ suǒ fēnfù nǐ bù kě chī de nà shùshàng de guǒzi, dì bì wèi nǐ de yuángù shòudào zǔzhòu。Nǐ yào zhōngshēn láokǔ, cái néng cóng dìlǐ dédào chī de。Nǐ běn shì chéntǔ, jiù yào guīhuí chéntǔ。"

于是神便打发他们出伊甸园去。

Yúshì shén biàn dǎfā tāmen chū Yīdiànyuán qù。

---

41) 你到底做了什么？(너는 도대체 무슨 짓을 한 것이냐?): '到底'는 의문문에 쓰여 어세를 강조한다.(예: 你到底同意不同意? 너는 도대체 동의하는 거니? 반대하는 거니?)

生词

神	shén	명	하나님, 신
照着	zhàozhe	조	…대로, …에 의하여
形像	xíngxiàng	명	형상, 모습
繁衍	fányǎn	동	많이 퍼지다, 번영하다, 번성하다
遍布	biànbù	동	도처에 널리 분포하다, 널리 퍼지다
管治	guǎnzhì	동	관리하다, 통치하다, 지배하다
管辖	guǎnxiá	명 / 동	관할(하다)
爬行	páxíng	동	기다, 기어다니다
尘土	chéntǔ	명	흙, 흙먼지
生气	shēngqì	명	생기
吹	chuī	동	(입으로) 불다
生命	shēngmìng	명	생명
鼻孔	bíkǒng	명	콧구멍
园子	yuánzi	명	동산, 꽃밭·채소밭·과수원 따위의 총칭
安置	ānzhì	동	(사람이나 사물을) 제 위치에 놓다, 안치하다, 배치하다
生命树	shēngmìngshù	명	생명 나무
分别	fēnbié	동	구별하다
善恶	shàn'è	명	선악
照管	zhàoguǎn	동	돌보다, 관리하다
看守	kānshǒu	동	관리하다, 책임을 맡아 지키다
任何	rènhé	대	어떠한 (~라도), 흔히 '都'와 호응하여 쓰임
随意	suíyì	부	마음대로, 뜻대로
果子	guǒzi	명	과일, 과실, 열매
独自	dúzì	부	단독으로, 혼자서, 홀로
配偶	pèi'ǒu	명	배필, 배우자
沉睡	chénshuì	동	깊이 잠들다
肋骨	lèigǔ	명	갈비뼈, 늑골

面前	miànqián	명	앞, 눈앞, 면전
赤身露体	chìshēnlùtǐ	성	몸에 실오라기 하나 걸치지 않다, 홀랑 벗다
并不	bìngbù	부	결코 ~하지 않다, 결코 ~이 아니다
羞耻	xiūchǐ	명	수치, 치욕, 부끄러움
蛇	shé	명	뱀
狡猾	jiǎohuá	형	교활하다
中央	zhōngyāng	명	중앙, 중심
摸	mō	동	(손으로) 짚어 보다, 더듬다
眼睛	yǎnjing	명	눈
摘	zhāi	동	따다, 꺾다, 뜯다, 떼다, 벗다
叶子	yèzi	명	잎, 잎사귀
编	biān	동	엮다, 짜다
遮盖	zhēgài	동	덮다, 가리다
呼唤	hūhuàn	동	부르다, 외치다
到底	dàodǐ	부	도대체, 마침내, 결국
引诱	yǐnyòu	명 / 동	유인(하다), 유혹(하다), 나쁜 방향으로 이끌다
肚子	dùzi	명	배, 복부
行走	xíngzǒu	동	걷다
终身	zhōngshēn	명	종신, 일생, 평생
痛苦	tòngkǔ	명 / 형	고통, 아픔, 고통스럽다, 괴롭다
劳苦	láokǔ	명 / 형	고생(하다), 수고(하다)
打发	dǎfā	동	보내다, 내쫓다

[고유명사]

亚当	Yàdāng	인명	아담(하나님께서 지으신 최초의 인간. 히브리어로 '사람'의 의미임)
夏娃	Xiàwá	인명	하와(인류 최초의 여자)
伊甸园	Yīdiànyuán	지명	에덴동산(하나님께서 아담과 이브를 위하여 만든 지상 낙원)

어휘풀이

1 安置 통 배치하다, 안치하다, 제 위치에 놓다

> 耶和华在东方的伊甸立了一个园子，把所造的人安置在那里。
>
> Yēhéhuá zài dōngfāng de Yīdiàn lì le yí ge yuánzi, bǎ suǒ zào de rén ānzhìzài nàli。
>
> 여호와께서 동방에 에덴동산을 세우시고 그 지으신 사람을 그곳에 두셨다.

❖ 어휘설명

'安置'는 사람이나 물건을 적당한 자리나 위치에 두는 것을 말한다. 술어, 목적어, 관형어로 사용되고, 술어로 사용될 때는 보어와 결합할 수 있다.

❖ 예문

> ➤ 他替小王安置了这些东西。
> ➤ 这批新来的职员都得到了妥善的安置。
> ➤ 关于拆迁安置的对象，我公司有相关的规定。
> ➤ 老师赶紧安置好了学生。

2 随意 부 마음대로, 뜻대로, 마음껏

> 园中任何树上的果子，你都可以随意吃。
>
> Yuánzhōng rènhé shùshàng de guǒzi, nǐ dōu keyǐ suíyì chī。
>
> 너는 동산의 각종 나무 열매를 마음대로 먹어도 된다.

❖ 어휘설명

'随意'는 자기 뜻에 따라 마음대로 하는 것을 말한다. 부사어로 사용되고, 주로 서면어(書面語)에 쓰인다.

❖ 예문

➤ 这是一家美式自助餐厅，你可以随意选择吃。

➤ 办公室里的东西不要随意移动。

➤ 休息天不用早起床，可随意睡觉。

➤ 这些东西你可以随意挑选。

③ 羞耻 명 부끄러움, 수치, 치욕

> 当时夫妻二人赤身露体，并不感到羞耻。
>
> Dāngshí fūqī èr rén chìshēnlùtǐ, bìngbù gǎndào xiūchǐ。
>
> 당시에는 아담과 그 아내 두 사람이 벌거벗었으나 전혀 부끄러워하지 않았다.

❖ 어휘설명

'羞耻'는 수줍어서 부끄러워하거나, 양심에 거리낌이 있어 떳떳하지 못한 마음을 나타낸다. 주어, 목적어, 관형어로 사용된다.

❖ 예문

➤ 一切的羞耻洗净了。

➤ 他这个人从来不知羞耻。

➤ 这件事是我个人的羞耻。

➤ 人要没有羞耻之心，什么事都赶得出来。

④ 狡猾 형 교활하다, 간교하다

> 耶和华所造的所有野兽中，蛇是最狡猾的。
>
> Yēhéhuá suǒ zào de suǒyǒu yěshòuzhōng, shé shì zuì jiǎohuá de。
>
> 하나님께서 지으신 들짐승 중에 뱀이 가장 간교하였다.

❖ 어휘설명

'狡猾'는 언행이나 성질 따위가 몹시 간사하고, 나쁜 꾀가 많은 것을 의미한다. 술어, 목적어, 보어, 관형어, 부사어로 사용된다.

❖ 예문

➢ 她总以为自己狡猾。

➢ 小王最近变得狡猾。

➢ 他们当中，真正最狡猾的人是谁?

➢ 他狡猾地一笑就走了。

5 痛苦 명 / 형 고통, 아픔 / 고통스럽다, 괴롭다

> 又对女人说: "你生产儿女必多受痛苦。"
>
> Yòu duì nǚrén shuō: "Nǐ shēngchǎn érnǚ bì duō shòu tòngkǔ."
> 또 여자에게 말씀하셨다. "너는 자식을 낳을 때에 반드시 많은 고통을 당할 것이다."

❖ 어휘설명

'痛苦'는 몸이나 마음의 아픔이나 괴로움을 나타낸다. 주어, 술어, 목적어, 보어, 관형어, 부사어로 사용된다.

❖ 예문

➢ 他的痛苦，一般人是体会不到的。

➢ 工作很痛苦，到底要不辞职?

➢ 如果有一个人每天都过得很痛苦，他的生活有意义吗?

➢ 世界上比你痛苦的人还要多。

➢ 他为什么那么痛苦地喊叫?

말씀 묵상하기

耶和华用地上的尘土造人，把生命的气息吹进人的鼻孔里，那人就
成了有生命的活人。 (创 2:7)

Yēhéhuá yòng dìshang de chéntǔ zào rén, bǎ shēngmìng de qìxī chuījìn rén de bíkǒnglǐ,
nà rén jiù chéng le yǒu shēngmìng de huórén.

你本是尘土，就要归回尘土。 (创 3:19)

Nǐ běn shì chéntǔ, jiù yào guīhuí chéntǔ.

인류의 조상 아담

성경말씀: 창세기 1장~3장

하나님께서 하나님의 형상대로 인간을 창조하셨다. 인간이 창조되던 날에 하나님께서는 그들에게 복을 주시며 말씀하셨다. "너희들은 생육하고 번성하여 땅을 정복하라. 바다의 물고기와 하늘의 새 그리고 땅에서 움직이는 모든 생물을 다스려라." 여호와께서 땅의 흙으로 사람을 지으시고 생기를 그 코에 불어 넣으시니 그가 영혼이 있는 산 사람이 되었고, 그는 아담이라 불렸다. 여호와께서 동방에 에덴동산을 세우시고 그 지으신 사람을 그곳에 두셨다.

에덴동산에는 생명나무와 선악을 알게 하는 나무가 있었다. 하나님은 아담에게 에덴동산을 다스리며 지키게 하시고, 아담에게 분부하시기를 "동산의 각종 나무 열매는 네가 마음대로 먹되 선악을 알게 하는 나무의 열매는 먹지 말라. 네가 먹는 날에는 정녕 죽으리라." 하셨다.

하나님께서 말씀하셨다. "아담이 혼자 지내는 것이 좋지 않으니 내가 그를 위하여 돕는 배필을 만들리라." 이에 여호와 하나님은 아담을 깊게 잠들게 하시고, 그가 잠들자 그의 갈빗대 하나를 취해 그 갈빗대로 여자를 만들고 그녀를 아담 곁으로 데리고 왔다. 아담이 말하기를 "이는 내 뼈 중의 뼈요, 살 중의 살이라." 하였다. 아담이 그의 아내에게 하와라는 이름을 지어주었다. 당시에는 아담과 그의 아내 두 사람이 벌거벗었으나 부끄러워하지 않았다.

하나님께서 지으신 들짐승 중에 뱀이 가장 간교하였다. 뱀이 여자에게 물었다. "하나님이 정말로 너희에게 동산에 있는 모든 나무의 열매를 먹지 말라고 하셨느냐?" 여자가 뱀에게 대답하였다. "동산 나무의 열매는 먹어도 되나 동산 중앙에 있는 나무의 열매는 먹지도 만지지도 말라고 하셨다. 만약 우리가 먹으면 죽을 거라고 하셨다." 뱀이 여자에게 말하였다. "너희는 죽지 않을 것이다. 너희가 그 나무의 열매를 먹으면 너희 눈이 밝아져 하나님처럼 되어서 선과 악을 알게 된다는 것을 아시고 그렇게 말씀하신 것이다." 여자가 설득되어 나무를 보니 먹음직도 하고 탐스럽기도 하여 그 나무의 열매를 따먹고 남편에게도 주니 남편도 먹었다. 그러자 그들의 눈이 밝아지게 되었고, 자신들이 벌거벗은 줄을 알고 부끄러워하여 무화과나무

잎을 엮어 자신들을 가리었다. 아담과 그의 아내는 여호와 하나님을 피하여 동산 나무 사이에 숨어 있었다.

하나님께서 아담을 부르시며 말씀하셨다. "네가 어디에 있느냐?" 아담이 대답하였다. "제가 동산에서 하나님의 소리를 들었는데, 제가 벌거벗고 있었기에 숨었습니다." 여호와께서 말씀하셨다. "내가 너더러 먹지 말라고 한 그 나무의 열매를 먹었느냐?" 아담이 대답하였다. "하나님께서 저에게 주신 여인이 그 열매를 저에게 주어 제가 먹었나이다." 하나님께서 여자에게 물었다. "너는 어찌하여 이렇게 하였느냐?" 그러자 여자가 대답하였다. "뱀이 나를 꾀어내어 제가 먹었나이다."

하나님께서 뱀에게 말씀하셨다. "네가 이런 일을 저질렀으니 이 일로 말미암아 너는 저주를 받아 배로 기어 다니고 종신토록 흙을 먹을 것이다." 또 여자에게 말씀하셨다. "너는 자식을 낳을 때에 반드시 많은 고통을 당할 것이다." 또 아담에게 말씀하시기를 "네가 네 아내의 말을 듣고 내가 너에게 먹지 말라 한 나무 열매를 먹었으니, 땅은 반드시 너로 인하여 저주를 받을 것이고, 너는 평생 수고하여야만 그 소산을 먹을 수 있을 것이다. 너는 본래 흙이니 흙으로 돌아갈 것이니라." 하셨다. 그런 후에 하나님께서 그들을 에덴동산에서 쫓아내셨다.

呼喊尼尼微城悔改的先知—约拿

Hūhǎn Níníwēichéng huǐgǎi de Xiānzhī Yuēná

 圣经话语: 约拿书 1章~3章

约拿是个先知，他受到神让他去外邦地区尼尼微[42]的命令。

Yuēná shì ge xiānzhī, tā shòudào shén ràng tā qù wàibāng dìqū Níníwēi de mìnglìng.

神对约拿说: "你起来，往尼尼微大城去，向其中的居民呼喊。因为他们的罪恶达到我面前。"

Shén duì Yuēná shuō: "Nǐ qǐlái, wǎng Níníwēi dàchéng qù, xiàng qízhōng de jūmín hūhǎn. Yīnwèi tāmen de zuì'è dádào wǒ miànqián."

约拿却逃往他施躲避耶和华。

Yuēná què táowǎng Tāshī duǒbì Yēhéhuá.

他正遇见一只船，要往他施去，他就买票上了船。

---

42) 尼尼微(니느웨): 고대 앗수르(앗시리아) 제국의 수도로 BC 8세기경 요나는 이곳에서 하나님의 말씀에 따라 회개의 메시지를 전했고 니느웨 사람들은 이방인이었지만 하나님의 경고를 들은 후 회개하였다.

Tā zhèng yùjiàn yì zhī chuán, yào wǎng Tāshī qù, tā jiù mǎi piào shàng le chuán。

然而耶和华使海上起大风，海就狂风大作，使船几乎要破坏。

Rán'ér Yēhéhuá shǐ hǎishàng qǐ dàfēng, hǎi jiù kuángfēng dàzuò, shǐ chuán jīhū yào pòhuài。

水手就害怕，各人哀求自己的神，他们把船上的货物抛在大海，要减轻船的重量。

Shuǐshǒu jiù hàipà, gèrén āiqiú zìjǐ de shén, tāmen bǎ chuánshàng de huòwù pāozài dàhǎi, yào jiǎnqīng chuán de zhòngliàng。

但就在这时，约拿在船舱里正睡得香甜。

Dàn jiù zài zhè shí, Yuēná zài chuáncānglǐ zhèng shuì de xiāngtián。

船长到他那里对他说："在这样的时候，你怎么还睡得着呢？起来! 向你的神祈祷吧。说不定他会顾念我们，饶我们一命[43]。"

Chuánzhǎng dào tā nàli duì tā shuō: "Zài zhèyàng de shíhou, nǐ zěnme hái shuìdezháo ne? Qǐlái! Xiàng nǐ de shén qídǎo ba。Shuōbudìng tā huì gùniàn wǒmen, ráo wǒmen yí mìng。"

那时船上的人彼此说："来吧。我们抽签，看看到底是谁得罪了神，惹来了这场可怕的风暴。"

Nà shí chuánshàng de rén bǐcǐ shuō: "Lái ba。Wǒmen chōuqiān, kànkan dàodǐ shì shuí dézuì le shén, rělái le zhè chǎng kěpà de fēngbào。"

于是他们抽签，抽签的结果显示，这一切都是因约拿而起。

Yúshì tāmen chōuqiān, chōuqiān de jiéguǒ xiǎnshì, zhè yíqiè dōu shì yīn Yuēná ér qǐ。

众人对他说："这可怕的风暴为什么会降到我们头上？你是什么人？做什么的？从哪国来？是哪族人？"

Zhòngrén duì tā shuō: "Zhè kěpà de fēngbào wèishénme huì jiàngdào wǒmen tóushàng? Nǐ shì shénme rén? Zuò shénme de? Cóng nǎ guó lái? Shì nǎ zú rén?"

他回答说："我是希伯来人。我敬畏耶和华—那创造海洋和陆地的神。我躲避耶和华去逃往。"

Tā huídá shuō: "Wǒ shì Xībóláirén。Wǒ jìngwèi Yēhéhuá—nà chuàngzào hǎiyáng hé lùdì de shén。Wǒ duǒbì Yēhéhuá qù táowǎng。

---

43) 饶我们一命。(ráo wǒmen yí mìng。): 우리 목숨을 살려주다.

水手们听到这话都害怕起来。

Shuǐshǒumen tīngdào zhè huà dōu hàipàqǐlái。

他们就抱怨说："那你为什么要这样做？"

Tāmen jiù bàoyuàn shuō: "Nà nǐ wèishénme yào zhèyàng zuò？"

风暴越来越猛烈，他们就问约拿："我们该怎么办，才能使这场风暴平静
呢？"

Fēngbào yuèláiyuè měngliè, tāmen jiù wèn Yuēná: "Wǒmen gāi zěnme bàn, cái néng shǐ zhè chǎng fēngbào píngjìng ne？"

约拿说："你们遭这大风，是因我的缘故。你们把我扔进海里，就会风平浪
静了。"

Yuēná shuō: "Nǐmen zāo zhè dàfēng, shì yīn wǒ de yuángù。Nǐmen bǎ wǒ rēngjìn hǎilǐ, jiù huì fēng píng làng jìng le。"

风浪实在是太大了，他们只好向耶和华呼求："耶和华阿！我们恳求你，请
不要让我们因这人的罪而丧命。"

Fēnglàng shízài shì tài dà le, tāmen zhǐhǎo xiàng Yēhéhuá hūqiú: "Yēhéhuá a! Wǒmen kěnqiú nǐ, qǐng bú yào ràng wǒmen yīn zhè rén de zuì ér sàngmìng。"

于是，他们抬起约拿，把他抛进汹涌的大海，风暴立刻就平静了。

Yúshì, tāmen táiqǐ Yuēná, bǎ tā pāojìn xiōngyǒng de dàhǎi, fēngbào lìkè jiù píngjìng le。

那些人就大大敬畏耶和华，向耶和华献祭，还发誓要事奉他。

Nà xiē rén jiù dàdà jìngwèi Yēhéhuá, xiàng Yēhéhuá xiànjì, hái fāshì yào shìfèng tā。

耶和华安排了一条大鱼吞下约拿，他就在鱼腹中度过了三天三夜。

Yēhéhuá ānpái le yì tiáo dàyú tūnxià Yuēná, tā jiù zài yúfùzhōng dùguò le sān tiān sān yè。

约拿在鱼腹中向耶和华祷告，说："我在患难中向主呼求，你就回应我，你
就听了我的声音。你把我投进深海，深海围住我，海草缠绕我的头。耶和
华我的神却把我的性命从坑中救出来。我就想念耶和华，我的祷告达到你
的面前。我要用感谢的声音向你献祭。救恩只来自耶和华。[44]"

---

44) 救恩只来自耶和华。(구원은 오직 여호와께로부터 나온다): '来自'는 '~에서 (나)오다'의 의미로 출처를 나타내는 장소나 대상을 강조한다. (예: 我来自韩国。나는 한국에서 왔다.)

Yuēná zài yúfùzhōng xiàng Yēhéhuá dǎogào, shuō: "Wǒ zài huànnànzhōng xiàng zhǔ hūqiú, nǐ jiù huíyìng wǒ, nǐ jiù tīng le wǒ de shēngyīn. Nǐ bǎ wǒ tóujìn shēnhǎi, shēnhǎi wéizhù wǒ, hǎicǎo chánrào wǒ de tóu. Yēhéhuá wǒ de shén què bǎ wǒ de xìngmìng cóng kēngzhōng jiùchūlái. Wǒ jiù xiǎngniàn Yēhéhuá, wǒ de dǎogào dádào nǐ de miànqián. Wǒ yào yòng gǎnxiè de shēngyīn xiàng nǐ xiànjì. Jiù'ēn zhǐ láizì Yēhéhuá."

耶和华吩咐鱼，鱼就把约拿吐在地上。

Yēhéhuá fēnfù yú, yú jiù bǎ Yuēná tǔzài dìshang.

　　耶和华再次对约拿说："你起来，到尼尼微大城去，转达我所吩咐你的话。"

　　Yēhéhuá zàicì duì Yuēná shuō: "Nǐ qǐlái, dào Níníwēi dàchéng qù, zhuǎndá wǒ suǒ fēnfù nǐ de huà."

这次约拿听从了耶和华的吩咐，就去了尼尼微。

Zhècì Yuēná tīngcóng le Yēhéhuá de fēnfù, jiù qù le Níníwēi.

约拿进城的当天，就对众人说："再过四十天，尼尼微就要灭亡了。45)"

Yuēná jìnchéng de dāngtiān, jiù duì zhòngrén shuō: "Zài guò sì shí tiān, Níníwēi jiù yào mièwáng le."

尼尼微人听信了上帝的信息，从最大的到最小的全都宣布禁食，穿上粗麻衣来表达哀伤。

Níníwēirén tīngxìn le shàngdì de xìnxī, cóng zuì dà de dào zuì xiǎo de quán dōu xuānbù jìnshí, chuānshang cū máyī lai biǎodá āishāng.

　　尼尼微王一听到约拿所宣布的话，就从宝座上下来，脱下王袍，穿上粗麻衣，坐在灰烬中。

　　Níníwēiwáng yì tīngdào Yuēná suǒ xuānbù de huà, jiù cóng bǎozuòshàng xiàlái, tuōxià wángpáo, chuānshang cū máyī, zuòzài huījìnzhōng.

他又向尼尼微城宣布，说："任何人，甚至包括牛、羊等牲畜不可吃，也不可喝。人和牲畜都要披上粗麻衣，都要恳切地向神祷告。各人回头悔改自己的恶行。"

---

45) 就要: '곧 ~할 것이다'라는 의미로 가까운 시일 내에 어떤 상황이 발생할 것을 나타낸다. 문장 끝에 '了'가 쓰인다. (예: 尼尼微就要灭亡了。 니느웨가 곧 멸망할 것이다.)

Tā yòu xiàng Níníwēichéng xuānbù, shuō: "Rènhé rén, shènzhì bāokuò niú、yáng děng shēngchù bù kě chī, yě bù kě hē。Rén hé shēngchù dōu yào pīshàng cū máyī, dōu yào kěnqiè de xiàng shén dǎogào。Gèrén huítóu huǐgǎi zìjǐ de èxíng。"

于是神看见他们所做的，又看见他们停止作恶，就改变了主意，没有消灭他们。

Yúshì shén kànjiàn tāmen suǒ zuò de, yòu kànjiàn tāmen tíngzhǐ zuò'è, jiù gǎibiàn le zhǔyì, méi yǒu xiāomiè tāmen。

生词

外邦	wàibāng	명	외국, 이방지역
地区	dìqū	명	지역
居民	jūmín	명	주민
呼喊	hūhǎn	동	외치다
达到	dádào	동	도달하다, 이르다
正	zhèng	부	마침, 딱, 바로
遇见	yùjiàn	동	만나다, 조우하다
上船	shàngchuán	동	배에 오르다
然而	rán'ér	접	그러나
狂风	kuángfēng	명	광풍
几乎	jīhū	부	거의, 하마터면
破坏	pòhuài	동	파괴하다, 훼손하다
水手	shuǐshǒu	명	선원
哀求	āiqiú	동	애원하다, 애걸하다, 간청하다
货物	huòwù	명	물품
抛	pāo	동	던지다, 내던지다, 버려두다
减轻	jiǎnqīng	동	경감하다, 덜다, 가볍게 하다
重量	zhòngliàng	명	중량, 무게
船舱	chuáncāng	명	선실
船长	chuánzhǎng	명	선박의 주인, 선장
祈祷	qídǎo	동	기도하다, 빌다
说不定	shuōbudìng	동	~일지도 모른다, 아마 ~일 것이다
顾念	gùniàn	동	염려하다, 돌보다
饶	ráo	동	용서하다, 관용하다
抽签	chōuqiān	동	추첨하다, 제비를 뽑다
惹	rě	동	(어떤 결과나 사태를) 일으키다, 야기하다
风暴	fēngbào	명	폭풍, 폭풍우

创造	chuàngzào	동	창조하다, 만들다
抱怨	bàoyuàn	동	원망하다, 원망을 품다, 불평하다
猛烈	měngliè	형	맹렬하다, 세차다
平静	píngjìng	형	조용하다
遭	zāo	동	당하다, 만나다, 부닥치다
丧命	sàngmìng	동	목숨을 잃다, 죽다, 사망하다
汹涌	xiōngyǒng	동	(물이) 세차게 위로 치솟다, 용솟음치다
发誓	fāshì	동	맹세하다
事奉	shìfèng	동	섬기다
吞	tūn	동	(통째로) 삼키다
祷告	dǎogào	동	기도하다
患难	huànnàn	명	환난
呼求	hūqiú	동	부르짖다, 가호를 빌다
回应	huíyìng	동	대답하다, 응답하다
投	tóu	동	던지다, 투척하다
围	wéi	명	둘러싸다, 에워싸다
海草	hǎicǎo	명	해초
缠绕	chánrào	동	둘둘 감다, 휘감다, 얽히다
坑	kēng	명	구덩이, 움푹하게 패인 곳
吐	tǔ	동	토하다, 게우다, 게워 내다
转达	zhuǎndá	동	전달하다, 전하다
信息	xìnxī	명	소식, 기별, 뉴스
灭亡	mièwáng	동	멸망하다, 망하다
宣布	xuānbù	동	선포하다, 선언하다
禁食	jìnshí	명 / 동	금식(하다)
哀伤	āishāng	동	비통해 하다, 슬프다
麻衣	máyī	명	베옷
宝座	bǎozuò	명	보좌, 왕의 옥좌
王袍	wángpáo	명	용포, 왕이 입는 옷
灰烬	huījìn	명	재, 잿더미

牲畜	shēngchù	명	가축, 집짐승
披	pī	통	(겉옷을) 걸치다
恳切	kěnqiè	형	간절하다, 간곡하다.
回头	huítóu	통	고개를 돌리다, 뉘우치다
悔改	huǐgǎi	통	회개하다
恶行	èxíng	명	악행
停止	tíngzhǐ	통	정지하다, 중지하다, 멎다
主意	zhǔyì	명	생각, 의견, 방법

고유명사

约拿	Yuēná	인명	요나(BC 8세기경 북이스라엘 왕국의 예언자)
尼尼微	Níníwēi	지명	니느웨(고대 앗수르 제국의 수도)
他施	Tāshī	지명	다시스

어휘풀이

1 抱怨　[동] 원망하다, 원망을 품다, 불평하다

> 水手们就**抱怨**约拿说: "那你为什么要这样做？"
>
> Shuǐshǒumen jiù bàoyuàn Yuēná shuō: "Nà nǐ wèishénme yào zhèyàng zuò？"
>
> 선원들은 요나를 원망하며 말하였다. "당신은 어찌하여 이런 일을 하였소?"

❖ 어휘설명

'抱怨'은 마음에 들지 않아 못마땅하게 여기거나 그 못마땅한 생각을 말로 드러내는 것을 말한다. 주로 주어, 목적어, 술어로 사용된다. 술어로 사용 시 동태조사 (了, 着, 过)와 결합이 가능하고, 원망하는 대상이나 사건을 목적어로 취한다.

❖ 예문

> ➢ 抱怨有什么用处?
> ➢ 我有一件事情没有处理好，受到了妈妈的抱怨。
> ➢ 他从来没有抱怨过别人。
> ➢ 她嘴里不住地抱怨着。
> ➢ 老百姓因为房子价格纷纷抱怨政府。

2 猛烈　[형] 맹렬하다, 세차다

> 风暴越来越**猛烈**。
>
> Fēngbào yuèláiyuè měngliè。
>
> 폭풍이 점점 거세졌다.

❖ 어휘설명

'猛烈'는 기세나 형세가 막을 수 없을 정도로 몹시 거세고 사나운 상태를 말한다. 술어, 보어, 관형어, 부사어로 사용되고 주로 서면어에 쓰인다.

❖ 예문

➢ 在体育锻炼时，要做好充分的准备活动，不可过分猛烈。

➢ 大火燃烧得更猛烈。

➢ 军队对敌人发动了猛烈的攻击。

➢ 敌人猛烈地进攻。

3 缠绕 〔동〕 둘둘 감다, 휘감다

> 你把我投进深海，深海围住我，海草缠绕我的头。
>
> Nǐ bǎ wǒ tóujìn shēnhǎi, shēnhǎi wéizhù wǒ, hǎicǎo chánrào wǒ de tóu.
> 당신께서 나를 깊은 바다 속에 던지셨으므로 바닷물이 나를 에워쌌고 바다풀이
> 내 머리를 감쌌습니다.

❖ 어휘설명

'缠绕'는 긴 물체가 다른 물체를 빙빙 둘러싸거나 휘감는 동작을 말한다. 술어,
목적어, 관형어로 사용되고, 술어로 사용될 때 자주 '着'와 같이 쓰인다.

❖ 예문

➢ 这个东西结结实实地缠绕。

➢ 遇到鱼线缠绕，该怎么办?

➢ 把脸往层层缠绕的围巾里深埋。

➢ 他为什么手上缠绕着绷带?

일, 생각, 관계, 사물 등이 복잡하게 뒤엉켜 있음을 의미하기도 한다.

➢ 他们的关系从夏天起开始缠绕。

➢ 这是所有爱与恨开始缠绕的起点。

4 转达 　**동** 전달하다, 전하다

> 你起来，到<u>尼尼微</u>大城去，<u>转达</u>我所吩咐你的话。
>
> Nǐ qǐlái, dào Níníwēi dàchéng qù, zhuǎndá wǒ suǒ fēnfù nǐ de huà.
>
> 너는 일어나 저 큰 성읍 니느웨로 가서 내가 너에게 명령한 것을 전하라.

❖ **어휘설명**

'转达'는 한쪽의 말이나 생각 등을 제3자를 통하여 다른 한쪽에게 옮겨 전하는 것을 말한다. 술어, 목적어, 관형어로 사용되고, 술어로 사용 시 보어와 결합할 수 있다. 주로 서면어에 쓰인다.

❖ **예문**

➢ 我把这个意见已经转达给有关部门了。

➢ 他们之间有很多事情需要转达。

➢ 你转达的意思我都明白了。

➢ 儿童转达不清楚老师的话。

5 主意 　**명** 생각, 의견, 방법

> 于是神看见他们所做的，又看见他们停止作恶，就改变了<u>主意</u>，没有消灭他们。
>
> Yúshì shén kànjiàn tāmen suǒ zuò de, yòu kànjiàn tāmen tíngzhǐ zuò'è, jiù gǎibiàn le zhǔyì, méi yǒu xiāomiè tāmen.
>
> 이에 하나님께서 그들의 행위를 살피시고, 그들이 악행을 멈춘 것을 보시고는 생각을 바꾸어 멸하지 않으셨다.

❖ **어휘설명**

'主意'는 확실한 의견이나 방법을 말한다. 주어, 목적어, 관형어로 사용되고, '主意' 앞에 자주 수식성분이 놓인다.

❖ **예문**

➢ 他的主意特别多。

> 请大家给我出出主意吧。
> 培养孩子自己拿主意的习惯有好处。
> 你们有什么好主意?
> 请大家谈各自的主意。

말씀 묵상하기

我在患难中向主呼求，你就回应我，你就听了我的声音。 (拿 2:1-2)

Wǒ zài huànnànzhōng xiàng zhǔ hūqiú, nǐ jiù huíyìng wǒ, nǐ jiù tīng le wǒ de shēngyīn.

我就想念耶和华，我的祷告达到你的面前。我要用感谢的声音向你献祭。救恩只来自耶和华。 (拿 2:9)

Wǒ jiù xiǎngniàn Yēhéhuá, wǒ de dǎogào dádào nǐ de miànqián. Wǒ yào yòng gǎnxiè de shēngyīn xiàng nǐ xiànjì. Jiù'ēn zhǐ láizì Yēhéhuá.

니느웨 성의 회개를 외친 선지자 요나

성경말씀: 요나서 1장~3장

선지자 요나는 하나님으로부터 이방지역인 니느웨로 가라는 명령을 받았다. 하나님께서 요나에게 말씀하셨다. "너는 일어나서 저 큰 성읍 니느웨로 가서 그 백성들을 향해 외쳐라. 그들의 죄악이 내 앞까지 이르렀노라."

그러나 요나는 여호와를 피해 다시스로 도망가려 하였다. 마침 다시스로 가는 배가 있어서 그는 배 삯을 주고 배에 올라탔다. 하지만 여호와께서 바다 위에 아주 강한 바람을 일으키시니 바다에 광풍이 일어 배가 거의 파손될 뻔하였다. 선원들은 두려워하며 각자 자신이 섬기는 신을 부르고, 배의 무게를 줄이기 위해 배안에 있는 물건들을 바다에 집어던졌다.

그때에 요나는 배 선실에서 달콤한 잠을 자고 있었다. 선장이 다가가서 요나에게 말하였다. "당신은 이러한 때에 어찌 잠을 자고 있소. 일어나서 당신 신께 기도해 보시오. 혹여나 그 신이 우리를 걱정한다면 우리를 살려줄 수도 있소." 그때 배 위의 사람들이 서로서로 말하였다. "자, 도대체 누가 신께 죄를 지어서 이렇게 무서운 폭풍우가 일어났는지 우리 제비를 뽑아 알아봅시다." 그리하여 그들이 제비를 뽑았는데, 그 결과 이 모든 것이 요나로 인해 일어난 것임이 밝혀졌다.

사람들이 요나에게 물었다. "이 재앙이 무슨 이유로 우리에게 닥친 겁니까? 당신은 누구이고, 무엇을 하는 사람이며, 고국이 어디고, 어느 민족인지 말해보시오." 그러자 요나가 대답하였다. "나는 히브리 사람으로 바다와 육지를 지으신 하나님 여호와를 경외하는 사람이오. 제가 여호와를 피하여 도망 왔습니다." 선원들이 그 말을 듣고 심히 두려워하였다. 선원들은 요나를 원망하며 말하였다. "당신은 어찌하여 이런 일을 하였소?" 폭풍이 점점 거세지자 사람들이 요나에게 물었다. "우리가 어떻게 해야 바다가 잠잠해지겠소?" 그러자 요나가 대답하였다. "당신들이 이 폭풍을 만난 건 다 나 때문이오. 나를 들어 바다에 던지시오. 그러면 바다가 잠잠해질 것이오." 파도가 심하게 일자 사람들은 여호와께 부르짖었다. "여호와시여! 간구하오니 이 사람의 죄 때문에 우리를 죽이지 마옵소서." 그러고는 요나를 들어 성난 바다에 던지자 넘실대던 파도가 멈추었다.

사람들이 하나님 여호와를 심히 두려워하여 여호와께 제물을 드리고 하나님을 섬기겠다고 서원을 하였다. 여호와께서 이미 큰 물고기를 준비하여 요나를 삼키게 하시니, 요나가 삼일 밤낮을 물고기 뱃속에 있었다. 요나가 물고기 뱃속에서 하나님께 기도하였다. "제가 고난당한 것을 여호와께 부르짖으니 주께서 대답하셨고, 주께서 저의 음성을 들으셨습니다. 주께서 저를 깊은 바다 속 가운데에 던지셨으므로 바닷물이 저를 에워쌌고 바다풀이 제 머리를 감쌌습니다. 나의 하나님 주께서 그 구덩이에서 저의 생명을 건지셨습니다. 내가 여호와를 생각하였더니 제 기도가 주 앞에 상달되었습니다. 저는 감사하는 목소리로 주께 제사를 드립니다. 구원은 여호와께로부터 오기 때문입니다." 그러자 하나님께서 물고기에게 명령하시니, 물고기가 요나를 육지에 토해내었다.

여호와께서 다시 요나에게 말씀하셨다. "너는 일어나 저 큰 성읍 니느웨로 가서 내가 너에게 명령한 것을 성안 백성들에게 전하라." 이번에 요나는 여호와의 말씀대로 니느웨로 갔다. 요나가 니느웨 성에 들어간 당일 날 소리 높여 말하였다. "사십 일이 지나면 니느웨가 멸망할 것이다." 그리하여 니느웨 사람들이 하나님의 소식을 듣고 가장 나이 많은 사람부터 어린아이까지 전부 금식을 선포하고 모두 베옷을 입고 슬퍼하였다.

니느웨 왕은 요나가 선포한 말을 듣고서 보좌에서 내려와 용포를 벗고는 베옷을 입고 잿더미 위에 앉았다. 왕은 또 니느웨 성에 선포하며 말하였다. "소나 양 등 가축을 포함해 어느 누구도 먹지도 말고, 마시지도 말라. 사람이든지 짐승이든지 다 베옷을 입고 모두 간절히 여호와께 기도하라. 각자 돌이켜 자신이 했던 악행을 회개하라." 이에 하나님께서 그들의 행위를 살피시고, 그들의 악행이 멈춘 걸 보시고는 생각을 바꾸어 그들을 멸하지 않으셨다.

MEMO

遇见耶稣的撒玛利亚女人

Yùjiàn Yēsū de Sāmǎlìyà nǚrén

 圣经话语: 约翰福音 4章

耶稣就离开犹太，返回加利利，必须经过撒玛利亚。

Yēsū jiù líkāi Yóutài, fǎnhuí Jiālìlì, bìxū jīngguò Sāmǎlìyà.

在那里有雅各井46)，耶稣因走了远路，十分疲劳，就坐在井旁。

Zài nàli yǒu Yǎgèjǐng, Yēsū yīn zǒu le yuǎn lù, shífēn píláo, jiù zuòzài jǐngpáng.

大概是正午时分。

Dàgài shì zhèngwǔ shífēn.

有一个撒玛利亚的女人过来打水。

Yǒu yí ge Sāmǎlìyà de nǚrén guòlái dǎshuǐ.

耶稣对她说: "请你给我水喝。"

---

46) 예수께서 갈릴리(加利利)로 가던 중 사마리아 지역 수가(叙加)라는 마을의 한 우물가에 이르게 된다. 이 우물은 이스라엘의 조상 야곱이 그의 아들 요셉에게 준 땅 근처에 있는 것으로, 이곳에서 야곱이 물을 기르고 그와 그의 자손들이 모두 이 우물의 물을 길어 마셨다 하여 '야곱의 우물'로 불린다.

Yēsū duì tā shuō: "Qǐng nǐ gěi wǒ shuǐ hē。"

那时门徒进城买食物去了。

Nà shí méntú jìnchéng mǎi shíwù qù le。

撒玛利亚的女人说：“你是犹太人，怎么向我一个撒玛利亚女人要水喝呢？”

Sāmǎlìyà de nǚrén shuō: "Nǐ shì Yóutàirén, zěnme xiàng wǒ yí ge Sāmǎlìyà nǚrén yào shuǐ hē ne?"

原来犹太人和撒玛利亚人没有来往。

Yuánlái Yóutàirén hé Sāmǎlìyàrén méi yǒu láiwǎng。

耶稣回答说：“要是你知道神给你的恩赐，知道跟你说话的是谁，你就会求我，我也会把活水给你。

Yēsū huídá shuō: "Yàoshi nǐ zhīdao shén gěi nǐ de ēncì, zhīdao gēn nǐ shuōhuà de shì shéi, nǐ jiù huì qiú wǒ, wǒ yě huì bǎ huóshuǐ gěi nǐ。

女人说：“先生没有打水的器具，井又深，你从哪里得活水呢？ 我们的祖先雅各留给我们这口井，你以为你比他还大吗？”

Nǚrén shuō: "Xiānsheng méi yǒu dǎshuǐ de qìjù, jǐng yòu shēn, nǐ cóng nǎli dé huóshuǐ ne? Wǒmen de zǔxiān Yǎgè liúgěi wǒmen zhè kǒu jǐng, nǐ yǐwéi nǐ bǐ tā hái dà ma?"

耶稣回答说：“喝这水的人，不久还会再渴。但谁喝了我所赐的水，就永远不渴。我所赐的水要成为泉源，让他们永生。”

Yēsū huídá shuō: "Hē zhè shuǐ de rén, bùjiǔ hái huì zài kě。 Dàn shuí hē le wǒ suǒ cì de shuǐ, jiù yǒngyuǎn bù kě。 Wǒ suǒ cì de shuǐ yào chéngwéi quányuán, ràng tāmen yǒngshēng。"

女人说：“先生，请把这水给我吧。这样我就永远不渴了，也不用来这里打水了。”

Nǚrén shuō: "Xiānsheng, qǐng bǎ zhè shuǐ gěi wǒ ba。 Zhèyàng wǒ jiù yǒngyuǎn bù kě le, yě búyòng lái zhèli dǎshuǐ le。"

耶稣说：“你去把你的丈夫叫来吧。”

Yēsū shuō "Nǐ qù bǎ nǐ de zhàngfu jiàolái ba。"

那女人说：“我没有丈夫。”

Nà nǚrén shuō: "Wǒ méi yǒu zhàngfu。"

耶稣说："你说没有丈夫，是对的。你已经有过五个丈夫，现在和你住在一起的，还没跟你结婚。你这话是真的。"

Yēsū shuō: "Nǐ shuō méi yǒu zhàngfu, shì duì de。Nǐ yǐjīng yǒu guò wǔ ge zhàngfu, xiànzài hé nǐ zhùzài yìqǐ de, hái méi gēn nǐ de jiéhūn。Nǐ zhè huà shì zhēnde。"

那女人说："先生，我看你是先知。"

Nà nǚrén shuō: "Xiānsheng, wǒ kàn nǐ shì xiānzhī。"

又说："我们的祖先就在这山上做礼拜的。不过，你们倒说只有耶路撒冷才是做礼拜的地方。"

Yòu shuō: "Wǒmen de zǔxiān jiù zài zhè shānshàng zuò lǐbài de。Búguò, nǐmen dào shuō zhǐyǒu Yēlùsālěng cái shì zuò lǐbài de dìfang。"

耶稣说："妇人，你要信我。时候快到了，你们敬拜父，无论在这山上，还是在耶路撒冷，都不再重要。你们对你们敬拜的那一位所知很少，我们犹太人却完全认识他，因为救恩是从犹太人出来的。"

Yēsū shuō: "Fùrén, nǐ yào xìn wǒ。Shíhou kuài dào le, nǐmen jìngbài fù, wúlùn zài zhè shānshàng, háishì zài Yēlùsālěng, dōu bú zài zhòngyào。Nǐmen duì nǐmen jìngbài de nà yí wèi suǒ zhī hěn shǎo, wǒmen Yóutàirén què wánquán rènshi tā, yīnwèi jiù'ēn shì cóng Yóutàirén chūlái de。"

又说："时候快到了，其实现在已经到了，那真正敬拜的人，要在心灵和真理中敬拜父，父也在寻找这样敬拜他的人。神是个灵，所以敬拜他的人必须用心灵和诚实敬拜。"

Yòu shuō: "Shíhou kuài dào le, qíshí xiànzài yǐjīng dào le, nà zhēnzhèng jìngbài de rén, yào zài xīnlíng hé zhēnlǐzhōng jìngbài fù, fù yě zài xúnzhǎo zhèyàng jìngbài tā de rén。Shén shì ge líng, suǒyǐ jìngbài tā de rén bìxū yòng xīnlíng hé chéngshí jìngbài。"

女人说："我知道那称为基督的弥赛亚快来了。他来了，就会向我们解释一切。"

Nǚrén shuō: "Wǒ zhīdao nà chēngwéi Jīdū de Mísàiyà kuài lái le。Tā lái le, jiù huì xiàng wǒmen jiěshì yíqiè。"

耶稣说："和你说话的我就是基督。"

Yēsū shuō: "Hé nǐ shuōhuà de wǒ jiù shì Jīdū。"

这时，门徒回来了。他们看见<u>耶稣</u>和一个女人在说话，就十分震惊，但没人敢问<u>耶稣</u>。

Zhè shí, méntú huílái le。Tāmen kànjiàn Yēsū hé yí ge nǚrén zài shuōhuà, jiù shífēn zhènjīng, dàn méi rén gǎn wèn Yēsū。

那女人把水罐丢在井旁，跑回城里去，对众人说："你们来看！有一个人把我做过的事全都说出来了。难道他就是<u>基督</u>吗？"

Nà nǚrén bǎ shuǐguàn diūzài jǐngpáng, pǎohuí chénglǐ qù, duì zhòngrén shuō: "Nǐmen lái kàn! Yǒu yí ge rén bǎ wǒ zuò guò de shì dōu shuōchūlái le。Nándào tā jiù shì Jīdū ma？"

众人就都从城里出来，要看<u>耶稣</u>。

Zhòngrén jiù dōu cóng chénglǐ chūlái, yào kàn Yēsū。

这时，门徒对<u>耶稣</u>说："拉比，吃点东西吧。"

Zhè shí, méntú duì Yēsū shuō: "Lābǐ, chī diǎn dōngxi ba。"

<u>耶稣</u>却说："我有食物吃，是你们不知道的。"

Yēsū què shuō: "Wǒ yǒu shíwù chī, shì nǐmen bù zhīdào de。"

门徒彼此问："我们不在的时候，有人给他送食物了吗？"

Méntú bǐcǐ wèn: "Wǒmen bú zài de shíhou, yǒu rén gěi tā sòng shíwù le ma？"

<u>耶稣</u>说："我的食物，就是遵行派我来者的旨意并完成他的工作。你们说'播种离收割有四个月。'我告诉你们，举目向田观看，庄稼已经熟了，可以收割了。收割的人会得到工价，积蓄五谷到永生。无论是播种的，还是收割的，将来都要欢喜快乐。俗语说'那人播种，这人收割。[47]'这话是真的。我派你们去收割的，不是你们所播下的，别人已经种下了，如今你们要去收割。"

Yēsū shuō: "Wǒ de shíwù, jiù shì zūnxíng pài wǒ lái zhě de zhǐyì bìng wánchéng tā de gōngzuò。Nǐmen shuō 'bōzhǒng lí shōugē yǒu sì ge yuè。' Wǒ gàosù nǐmen, jǔmù xiàng tián guānkàn, zhuāngjia yǐjīng shú le, kěyǐ shōugē le。Shōugē de rén huì dédào gōngjià, jīxù wǔgǔ dào yǒngshēng。Wúlùn shì bōzhǒng de, háishì shōugē de, jiānglái dōu yào huānxǐ kuàilè。Súyǔ shuō 'nà rén bōzhǒng, zhè rén shōugē。' Zhè huà shì zhēnde。Wǒ pài nǐmen qù shōugē de,

---

47) 那人播种，这人收割。: 심는 자가 있으면 거두는 자가 있는 것처럼 '세상의 모든 일은 타인의 희생과 수고를 통해 다 같이 수확의 기쁨을 누리게 되는 것'이라고 말하고 있다.

bú shì nǐmen suǒ bōxià de, biérén yǐjīng zhǒngxià le, rújīn nǐmen yào qù shōugē。"

那城里有许多撒玛利亚人就信了耶稣，因为那个女人作见证说："他把我做过的一切事都给我说出来了。"

Nà chénglǐ yǒu xǔduō Sāmǎlìyàrén jiù xìn le Yēsū, yīnwèi nà ge nǚrén zuò jiànzhèng shuō: "Tā bǎ wǒ zuò guò de yíqiè shì dōu gěi wǒ shuōchūlái le。"

于是撒玛利亚人来见耶稣，恳求他留在城里。

Yúshì Sāmǎlìyàrén lái jiàn Yēsū, kěnqiú tā liúzài chénglǐ。

他就在那里住了两天。

Tā jiù zài nàli zhù le liǎng tiān。

在那里就有更多的人听到耶稣的话而信了他。

Zài nàli jiù yǒu gèng duō de rén tīngdaò Yēsū de huà ér xìn le tā。

他们对那个女人说："我们现在相信，不是因为你的话，而是[48]因为我们亲自听见了他，现在我们知道，他确是救世主。"

Tāmen duì nà ge nǚrén shuō: "Wǒmen xiànzài xiāngxìn, búshì yīnwèi nǐ de huà, érshì yīnwèi wǒmen qīnzì tīngjiàn le tā, xiànzài wǒmen zhīdao, tā quèshì jiùshìzhǔ。"

过了两天，耶稣离开了那个地方，往加利利去了。

Guò le liǎng tiān, Yēsū líkāi le nà ge dìfang, wǎng Jiālìlì qù le。

---

48) 不是~而是~ (~이 아니고 ~이다) : 전자가 아니라 후자를 선택하는 복합문에 쓰인다.

生词

返回	fǎnhuí	통	(원래의 곳으로) 되돌아가다
必须	bìxū	능	반드시 ~해야 한다, 꼭 ~해야 한다
井	jǐng	명	우물
疲劳	píláo	명 / 통	피로, 지치다, 피로해지다
正午	zhèngwǔ	명	점심, 정오
时分	shífèn	명	무렵, 때, 철
打水	dǎshuǐ	통	물을 긷다
门徒	méntú	명	제자
进城	jìnchéng	통	시내에 들어가다
来往	láiwǎng	통	왕래하다
恩赐	ēncì	통	은혜를 베풀다
活水	huóshuǐ	명	생수, 활수, 흐르는 물
妇人	fùrén	명	부인, 기혼녀
器具	qìjù	명	그릇, 용구, 기구
永远	yǒngyuǎn	형	영원하다
渴	kě	형	목타다, 목마르다, 절실하다
泉源	quányuán	명	원천, 물의 근원
永生	yǒngshēng	명 / 통	영생(하다)
先知	xiānzhī	명	선지자
礼拜	lǐbài	명	예배
倒	dào	부	오히려, 도리어
救恩	jiù'ēn	명	구원
心灵	xīnlíng	명	심령
震惊	zhènjīng	통	(몹시) 놀라게 하다, 놀라다, 놀래다
水罐	shuǐguàn	명	물동이
城里	chénglǐ	명	성내(城内), 시내
众人	zhòngrén	명	많은 사람, 뭇사람, 군중

拉比	lābǐ	명	랍비, 선생님
彼此	bǐcǐ	명	피차, 상호, 서로
旨意	zhǐyì	명	의미, 취지, 의도, 뜻
见证	jiànzhèng	명	증인, 증거
播种	bōzhǒng	동	파종하다, 씨를 뿌리다
收割	shōugē	동	거두다
庄稼	zhuāngjia	명	작물
熟	shú	형	(음식, 과일, 곡식 따위가) 익다
工价	gōngjià	명	품삯
积蓄	jīxù	명 / 동	축적(하다), 저축(하다)
五谷	wǔgǔ	명	오곡, 양식
俗语	súyǔ	명	속어, 속담
恳求	kěnqiú	동	간청하다, 애원하다
亲自	qīnzì	부	몸소, 친히, 직접

고유명사

雅各	Yǎgè	인명	야곱
加利利	Jiālìlì	지명	갈릴리(갈릴리 호수 북서쪽과 남서쪽 지역)
撒玛利亚	Sāmǎlìyà	지명	사마리아(갈릴리와 유다이아 사이, 즉 이스라엘 땅 중앙에 위치한 고대 도시)
耶路撒冷	Yēlùsālěng	지명	예루살렘
基督	Jīdū	고유	그리스도, 구세주
弥赛亚	Mísàiyà	고유	메시아, 구세주

어휘풀이

1 疲劳 명/동 피로 / 지치다, 피로해지다

> 耶稣因走了远路，十分疲劳，就坐在井旁。
>
> Yēsū yīn zǒu le yuǎn lù, shífēn píláo, jiù zuòzài jǐngpáng.
>
> 먼 길을 걷느라 지친 예수님은 우물곁에 앉으셨다.

❖ 어휘설명

'疲劳'는 체력이나 정신적 소모를 많이 하여 심신이 지치고 힘들다는 의미이다. 술어, 보어, 부사어 등으로 사용된다.

❖ 예문

➤ 她干了一天活，很疲劳。

➤ 每天爬楼梯觉得很疲劳。

➤ 他考完试后，疲劳地靠在椅子上。

2 礼拜 명 예배

> 我们的祖先就在这山上做礼拜的。
>
> Wǒmen de zǔxiān jiù zài zhè shānshàng zuò lǐbài de.
>
> 우리 조상들은 이 산에서 예배를 드렸다.

❖ 어휘설명

'礼拜'는 기독교에서 성도들이 성경을 읽고 기도와 찬송으로 하나님께 존경과 찬양을 드리는 의식을 말한다. '礼拜'는 명사로 목적어로 사용된다.[49]

❖ 예문

➤ 每星期天教堂里都有人做礼拜。

---

49) '礼拜'는 술어로 사용할 수 없다. 예: 我星期天礼拜。(×)→我星期天参加礼拜。(○) / 我星期天做礼拜。(○)

> 我每星期天都要去教堂做礼拜。
> 去教堂做礼拜的人比以前多了。

‘礼拜’는 ‘주(周)’나 ‘요일’을 나타내기도 한다.
> 还有三个礼拜。
> 礼拜一、礼拜二、礼拜日、礼拜天

3 震惊　동　(몹시) 놀라게 하다, 놀라다, 놀래다

他们看见耶稣和一个女人在说话，就十分震惊。

Tāmen kànjiàn Yēsū hé yí ge nǚrén zài shuōhuà, jiù shífēn zhènjīng.
그들이 예수께서 그 여인과 말씀 나누는 것을 보고 매우 놀랐다.

❖ 어휘설명

‘震惊’은 심리 활동 동사로 깜짝 놀라거나 놀라게 하다의 의미를 나타낸다. 술어, 목적어, 관형어로 사용되고, 술어로 사용 시 앞에 정도부사를 두어 수식을 받을 수 있다.

❖ 예문
> 大家都被这个消息震惊得说不出话来。
> 韩国足球队员们震惊了世界体坛。
> 他听到女儿的消息，感到十分震惊。
> 这里曾发生过震惊的惨案。
> 这件事让人很震惊。

4 彼此　명　피차, 상호, 서로

门徒彼此问："我们不在的时候，有人给他送食物了吗？"

Méntú bǐcǐ wèn: "Wǒmen bú zài de shíhou, yǒu rén gěi tā sòng shíwù le ma？"
제자들이 서로 물었다. "우리가 없을 때 선생님께 드실 것을 갖다 드린 분이 있나요?"

❖ 어휘설명

'彼此'는 '이쪽과 저쪽' 양쪽을 나타내는 말로 주어, 목적어, 관형어로 사용된다.

❖ 예문

➤ 大家彼此认识一下。

➤ 都是自己人，不分彼此。

➤ 他们彼此的感情特别深。

상대방이 말한 것에 대한 인사치레 말로 '양측이 마찬가지이다'라는 의미를 나타내기도 하는데, 이때 '彼此'는 중첩하여 사용한다.

➤ "你们辛苦了。"—"彼此彼此。"

5 亲自 🔲 몸소, 친히, 직접

> 我们**亲自**听见了他。
> 우리가 직접 그에 대해 들었다.
> Wǒmen qīnzì tīngjiàn le tā。

❖ 어휘설명

'亲自'는 술어를 수식하는 부사어로 중간에 다른 사람을 통하지 않고 자신이 직접 하는 것을 강조할 때 사용한다. 자신의 어떤 느낌이나 감각을 표현할 때는 사용할 수 없다.[50]

❖ 예문

➤ 你亲自去一趟他家，好吗?

➤ 今年小王亲自来参加学术研讨会。

➤ 老板亲自去机场迎接客人。

---

50) 예: 今天我亲自觉得很累。(×)→今天我觉得很累。(○)

말씀 묵상하기

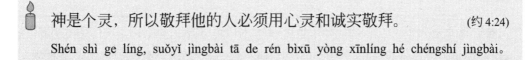

神是个灵，所以敬拜他的人必须用心灵和诚实敬拜。 (约 4:24)

Shén shì ge líng, suǒyǐ jìngbài tā de rén bìxū yòng xīnlíng hé chéngshí jìngbài.

谁喝了我所赐的水，就永远不渴。我所赐的水要成为泉源，让他们永生。 (约 4:14)

Shuí hē le wǒ suǒ cì de shuǐ, jiù yǒngyuǎn bù kě. Wǒ suǒ cì de shuǐ yào chéngwéi quányuán, ràng tāmen yǒngshēng.

예수님을 만난 사마리아 여인

성경말씀: 요한복음 4장

예수께서 유대를 떠나 갈릴리로 가실 때에 사마리아를 가로질러 가야 했다. 사마리아 동네에 야곱의 우물이 있었는데 먼 길을 걷느라 지치신 예수님은 그 우물곁에 앉으셨다. 시간은 대략 정오 무렵이었다.

마침 사마리아 여자 하나가 물을 길으러 왔다. 그러자 예수께서 그 여인에게 말씀하셨다. "나에게 마실 물을 좀 다오." 그때 제자들은 먹을 것을 사러 마을에 들어가 있었다. 사마리아 여자가 말하였다. "선생님은 유대인이시면서 어떻게 사마리아 여자인 저에게 마실 물을 달라 하십니까?" 당시 유대인들은 사마리아인들과 상종하지 않았다. 예수께서 대답하셨다. "네가 만약 하나님께서 너에게 주신 은혜를 알고, 너와 말하고 있는 사람이 누구인지 안다면, 오히려 네가 나에게 부탁을 할 것이고, 아마 나도 너에게 생수를 주었을 것이다."

그러자 여자가 말하였다. "선생님은 물을 길을 그릇도 없고 더군다나 이 우물은 깊은데 어디에서 생수를 구할 수 있습니까? 우리의 조상 야곱이 이 우물을 우리에게 남겨주었는데, 선생님이 우리 조상 야곱보다 더 훌륭하다는 말씀입니까?" 예수께서 대답하셨다. "이 물을 마시는 사람은 얼마 안 있어 또 목마를 것이다. 그러나 누구든지 내가 주는 물을 마시면 영원히 목마르지 않을 것이다. 내가 주는 물은 영생할 수 있는 샘물이 될 것이다."

그러자 여인이 말하였다. "선생님, 그 물을 저에게 주십시오. 그래서 제가 영원히 목마르지도 않고, 또 물을 길으러 여기까지 오지 않게 해 주십시오."

예수께서 말씀하셨다. "너는 가서 네 남편을 불러오너라." 여인이 대답하였다. "저는 남편이 없습니다." 그러자 예수께서 말씀하셨다. "네가 남편이 없다고 한 말은 틀린 말이 아니다. 너는 남편이 다섯이나 있었고 지금 너와 같이 사는 사람도 네 남편이 아니니 네 말이 맞도다."

그 여인이 말하였다. "선생님, 선생님은 선지자시군요." 또 말하기를 "우리 조상들은 이 산에서 예배드렸는데, 선생님들은 오히려 예수살렘만이 예배드리는 곳이라고 하시더군요."하였다. 예수께서 말씀하셨다. "여인아, 내 말을 믿어라. 이 산이든지 예루살렘이든지 그것은 중요한 것이 아니고, 곧 아버지께 예배드릴 때가 올 것이다. 너희는 너희들이 예배하는 그분에 대해 잘 알지 못하지만, 우리 유대인들은 그분을 잘 알고 있다. 구원은 유대인들에게서 나오기 때문이다." 또 말씀하시기를 "아버지께 진실로 예배할 때가 오나니 지금이 바로 그때이다. 아버지께서는 이렇게 자기에게 예배드리는 사람들을 원하신다. 하나님은 영이시므로 예배드리는 사람은 신령과 진정으로 예배드려야 한다." 라고 하셨다.

여자가 말하였다. "저는 그리스도라고 하는 메시아가 오실 것을 압니다. 그분이 오시면 우리에게 모든 것을 알려주시겠지요." 예수께서 대답하셨다. "너와 말하고 있는 내가 바로 그리스도이니라."

바로 그때 제자들이 돌아왔다. 제자들이 예수께서 그 여인과 말씀 나누는 것을 보고 매우 놀랐으나 아무도 예수께 묻지 않았다. 여인은 물동이를 우물가에 버려두고 마을로 가서 사람들에게 말하였다. "여러분 보세요! 내가 한 일을 모두 말씀해주신 분이 있습니다. 그분이 그리스도가 아니시겠습니까?" 그러자 사람들이 마을에서 나와 예수를 보고자 하였다.

이때 제자들은 "선생님, 잡수세요." 하고 예수께 음식을 청하였다. 예수께서 말씀하셨다. "나에게는 너희가 알지 못하는 먹을 양식이 있다." 그러자 제자들이 서로 물었다. "우리가 없을 때 선생님께 드실 것을 갖다 드린 분이 있나요?" 예수께서 말씀하셨다 "내 양식은 나를 보내신 분의 뜻을 행하며, 그분의 일을 완수하는 것이다. 너희는 '넉 달이 지나야 추수할 때가 온다.' 하고 말하지 않았느냐? 내가 너희에게 말해주노니 눈을 들어 저 밭들을 보아라. 곡식이 다 익어 추수할 때가 되었다. 추수하는 이가 삯도 받고, 영생에 이르는 곡식을 모으는 것이다. 그러므로 심는 사람과 거두는 사람 모두 기뻐하게 되는 것이다. 그런즉 속담에 '심는 사람과 거두는 사람이 다르다.' 하는 말은 참말이다. 내가 너희를 보내 수확하는 것은 너희들이 뿌린 것이 아니라, 다른 사람이 미리 심은 것을 이제 너희가 가서 수확하는 것이다."

그 여인이 "저분께서 내가 한 모든 일을 제게 말씀해주셨습니다." 하고 증언하므로 그 동네의 많은 사마리아 사람들이 예수를 믿게 되었다. 사마리아 사람들이 예수께로 와서 마을에 머무르시기를 요청하였다. 그리하여 예수께서 그곳에서 이틀을 머무셨다. 그곳에서 더욱 많은 사람이 예수의 말씀을 듣고 믿게 되었다.

사람들이 그 여인에게 말하였다. "우리가 이제 믿는 것은 당신 말 때문이 아니고, 우리가 직접 듣고 이 분이 진정한 구원자이심을 알게 되었기 때문이오." 이틀이 지나고 예수께서는 그곳을 떠나 갈릴리로 가셨다.

MEMO

得救的税官长一撒该

Déjiù de shuìguānzhǎng-Sāgāi

 圣经话语: 路加福音 19章

有一个人名叫<u>撒该</u>[51]，是当地的税官长，非常富有。

Yǒu yí ge rén míng jiào Sāgāi, shì dàngdì de shuìguānzhǎng, fēicháng fùyǒu.

在<u>撒该</u>时代税吏所作的就是为了政府从百姓那里收取税金，<u>撒该</u>肯定是得罪了老百姓。

Zài Sāgāi shídài shuìlì suǒ zuò de jiù shì wèile zhèngfǔ cóng bǎixìng nàli shōuqǔ shuìjīn, Sāgāi kěndìng shì dézuì le lǎobǎixìng.

<u>耶稣</u>正经过<u>耶利哥</u>[52]的时候，他要看看<u>耶稣</u>是怎样的人。

Yēsū zhèng jīngguò Yēlìgē de shíhou, tā yào kànkan Yēsū shì zěnyàng de rén.

---

51) 撒该(삭개오): 삭개오는 유대인이었지만 로마제국의 세금을 징수하는 일을 관장하는 세관장으로 활동하며 동족에게 많은 세금을 거두어 동족들의 멸시를 받았다. '삭개오'의 본뜻은 '순결하다, 의롭다'의 의미이다.

52) 耶利哥(여리고): 여리고는 요단강 서쪽에 위치하고 있으며, BC 9000년경부터 있었던 것으로 추정되는 세계에서 가장 오래된 도시 가운데 하나이다.

可是他的个子太矮，在人群中看不到。

Kěshì tā de gèzi yòu tài ǎi, zài rénqúnzhōng kànbudaò。

<u>撒该</u>就跑到前面去，爬上路旁的一棵无花果桑树，要看<u>耶稣</u>，因为<u>耶稣</u>必从那里经过。

Sāgāi jiù pǎodào qiánmiàn qù, páshàng lùpáng de yì kē wúhuāguǒ sāngshù, yào kàn Yēsū, yīnwèi Yēsū bì cóng nàli jīngguò。

<u>耶稣</u>到了那里，抬头一看，对他说："<u>撒该</u>! 快下来，今天我必住在你家里。"

Yēsū dào le nàli, táitóu yí kàn, duì tā shuō: "Sāgāi! kuài xiàlái, jīntiān wǒ bì zhùzài nǐ jiāli。"

他就赶快爬下来，欢欢喜喜地带着<u>耶稣</u>往他家里去。

Tā jiù gǎnkuài páxiàlái, huānhuānxǐxǐ de dài zhe Yēsū wǎng tā jiāli qù。

众人看见，都私下议论说："他竟然到罪人家里去做客。"

Zhòngrén kànjiàn, dōu sīxià yìlùn shuō: "Tā jìngrán dào zuìrén jiāli qù zuòkè。"

这时，<u>撒该</u>站在主的面前，说："主阿! 我要把我一半的财产分给穷人。那些在收税时被我欺诈的，我要偿还他们四倍。"

Zhè shí, Sāgāi zhànzài zhǔ de miànqián, shuō: "Zhǔ a! Wǒ yào bǎ wǒ yíbàn de cáichǎn fēngěi qióngrén。Nà xiē zài shōushuì shí bèi wǒ qīzhà de, wǒ yào chánghuán tāmen sì bèi。"

<u>耶稣</u>就说："今天救恩已经临到这家，因为他也是<u>亚伯拉罕</u>的子孙。人子来，正是要寻找和拯救迷失的人。"

Yēsū jiù shuō: "Jīntiān jiù'ēn yǐjīng líndào zhè jiā, yīnwèi tā yě shì Yàbólāhǎn de zǐsūn。Rénzǐ lái, zhèngshì yào xúnzhǎo hé zhěngjiù míshī de rén。"

<u>撒该</u>从外表上虽然是个财主，但是在内心里面他却是一个非常贫穷的人，在灵上他是一个饥饿的人。

Sāgāi cóng wàibiǎoshàng suīrán shì ge cáizhǔ, dànshì zài nèixīn lǐmiàn tā què shì yí ge fēicháng pínqióng de rén, zài língshàng tā shì yí ge jī'è de rén。

<u>撒该</u>是很想见到<u>耶稣</u>的。

Sāgāi shì hěn xiǎng jiàndào Yēsū de。

<u>撒该</u>一直在寻找能够拯救他脱离罪恶的救世主，他唯一的解决方法就是他去面见<u>耶稣</u>。

Sāgāi yìzhí zài xúnzhǎo nénggòu zhěngjiù tā tuōlí zuì'è de jiùshìzhǔ, tā wéiyī de jiějué fāngfǎ jiù shì tā qù miànjiàn Yēsū。

我们借着自己的力量不能使我们得变化。

Wǒmen jiè zhe zìjǐ de lìliang bù néng shǐ wǒmen dé biànhuà。

只要我们见到<u>耶稣</u>一切都可以得到解决。

Zhǐyào wǒmen jiàndào Yēsū yíqiè dōu kěyǐ dédào jiějué。

对你们来讲你们有面见<u>耶稣</u>的吗？

Duì nǐmen lái jiǎng nǐmen yǒu miànjiàn Yēsū de ma?

什么时候<u>耶稣</u>进入到你们的内心当中呢？

Shénme shíhou Yēsū jìnrùdào nǐmen de nèixīn dāngzhōng ne?

生词

税官长	shuìguānzhǎng	명	세관장
富有	fùyǒu	형	부유하다
税吏	shuìlì	명	세리, 세무원
政府	zhèngfǔ	명	정부
百姓	bǎixìng	명	백성
收取	shōuqǔ	동	받다, 수납하다
税金	shuìjīn	명	세금
肯定	kěndìng	형	틀림없다, 명확하다
得罪	dézuì	동	죄를 짓다, 남의 미움(노여움)을 사다
经过	jīngguò	동	통과하다
个子	gèzi	명	키
矮	ǎi	형	작다
爬	pá	동	기다, 기어오르다
棵	kē	양	그루, 포기, 식물을 세는 단위
无花果桑树	wúhuāguǒ sāngshù	명	뽕나무 과에 속하는 돌무화과 나무
抬头	táitóu	동	머리를 들다
赶快	gǎnkuài	부	빨리, 얼른, 어서
欢欢喜喜地	huānhuānxǐxǐ de	부	즐겁게, 기쁘게
接待	jiēdài	명 / 동	접대(하다), 응접(하다)
众人	zhòngrén	명	여러 사람, 무리
私下	sīxià	부	남몰래, 살짝
议论	yìlùn	명 / 동	왈가왈부하다, 의론(하다), 비평(하다)
竟然	jìngrán	부	결국, 드디어
罪人	zuìrén	명	죄인
财产	cáichǎn	명	재산, 자산
穷人	qióngrén	명	가난뱅이, 가난한 사람
收税	shōushuì	동	세금을 거두어들이다

欺诈	qīzhà	동	사기하다, 속이다, 속여먹다
偿还	chánghuán	동	갚다, 돌려주다, 상환하다
倍	bèi	양	배, 곱절
救恩	jiù'ēn	명	구원
子孙	zǐsūn	명	자손
人子	rénzǐ	명	인자
拯救	zhěngjiù	동	구원하다
正是	zhèngshì	동	바로 ~이다, 바로 그러하다
迷失	míshī	동	잃다, 잃어버리다
外表	wàibiǎo	명	겉모습
贫穷	pínqióng	명 / 형	가난(하다), 빈곤(하다)
灵	líng	형	정신, 영혼, 영
饥饿	jī'è	형	굶주리다, 배고프다
罪恶	zuì'è	명	죄악
寻找	xúnzhǎo	동	찾다
救世主	jiùshìzhǔ	명	구세주
解决	jiějué	동	해결하다
借	jiè	동	의지하다, 기대다, (기회를) 타다
力量	lìliang	명	힘, 능력, 역량
变化	biànhuà	명 / 동	변화(하다)

고유명사

| 撒该 | Sāgāi | 인명 | 삭개오(로마제국의 세관장) |
| 耶利哥 | Yēligē | 지명 | 여리고(요단강의 서쪽에 위치한 도시) |

어휘풀이

1 肯定 ^형 틀림없다, 명확하다

> 在撒该时代税吏所作的就是为了政府从百姓那里收取税金，撒该肯定是得罪了老百姓。
>
> Zài Sāgāi shídài shuìlì suǒ zuò de jiù shì wèile zhèngfǔ cóng bǎixìng nàli shōuqǔ shuìjīn, Sāgāi kěndìng shì dézuì le lǎobǎixìng.
>
> 삭개오 시대에 세무원이 하는 일은 정부를 위해 백성들로부터 세금을 걷는 것이어서, 삭개오는 틀림없이 백성들의 미움을 샀을 것이다.

❖ 어휘설명

'肯定'은 매우 자신이 있거나 조금도 의심의 여지가 없는 경우에 사용한다. 술어와 부사어로 사용되고 중첩하여 사용할 수 없다.

❖ 예문

> ➤ 今天晚上肯定会下雨。
> ➤ 她肯定有什么秘密瞒着我。
> ➤ 他今天来不来还不肯定。

2 贫穷 ^명/^동 가난, 빈곤, 빈궁 / 가난하다, 빈곤하다, 빈궁하다

> 撒该从外表上虽然是个财主，但是在内心里面他却是一个非常贫穷的人，在灵上他是一个饥饿的人。
>
> Sāgāi cóng wàibiǎoshàng suīrán shì ge cáizhǔ, dànshì zài nèixīn lǐmiàn tā què shì yí ge fēicháng pínqióng de rén, zài língshàng tā shì yí ge jī'è de rén.
>
> 삭개오는 겉으로는 부자였을지라도 속마음은 아주 가난하고 영혼이 매우 굶주린 사람이었다.

❖ 어휘설명

'贫穷'은 돈, 물자, 자산 등이 모자라거나 부족한 상태를 말한다. 술어, 목적어, 보어, 관형어로 사용된다.

❖ 예문

➢ 他很贫穷，但精神上却很富有。

➢ 我们都要脱离贫穷。

➢ 她过去过得很贫穷。

➢ 为什么富有的人越富有，贫穷的人越贫穷?

3 寻找　동 찾다

> 人子来，正是要寻找和拯救迷失的人。
>
> Rénzǐ lái, zhèngshì yào xúnzhǎo hé zhěngjiù míshī de rén。
>
> 인자가 온 것은 잃어버린 자를 찾아 구원하려 함이다.

❖ 어휘설명

'寻找'는 '찾다'의 의미로, 명사와 대명사를 목적어로 취한다. 동태조사(了, 着, 过)와 같이 사용할 수 있으며 보어와 결합할 수 있다.

❖ 예문

➢ 队员寻找到一些新的水源。

➢ 他丢失了一只羊，寻找了三天也没下落。

➢ 他一直在寻找着出国的机会。

➢ 在这里，没有驾驶证就寻找不到工作。

4 力量　명 힘, 능력, 역량

> 我们借着自己的力量不能使我们得变化。
>
> Wǒmen jiè zhe zìjǐ de lìliang bù néng shǐ wǒmen dé biànhuà。
>
> 우리들은 우리의 힘으로 우리를 변화시킬 수 없다.

❖ 어휘설명

'力量'은 힘, 능력, 역량을 의미하고, 주어, 목적어, 관형어로 사용된다. 주어로 사용될 경우 수식성분과 같이 사용된다.

❖ 예문

➢ 你们俩比一比，看谁的力量大。

➢ 她有力量完成这项工作。

➢ 我靠着那加给我力量的，凡事都能做。 (腓 4:13)

⑤ 偿还 **통** 갚다, 돌려주다, 상환하다

那些在收税时被我欺诈的，我要偿还他们四倍。

Nà xiē zài shōushuì shí bèi wǒ qīzhà de, wǒ yào chánghuán tāmen sì bèi.

세금을 걷을 때 다른 사람의 것을 편취한 일이 있으면 네 배로 갚겠습니다.

❖ 어휘설명

'偿还'은 남에게 빚지거나 꾼 것을 돌려주는 행위를 말한다. 술어, 목적어, 관형어로 사용되고, 술어로 사용 시 보어와 결합할 수 있다.

❖ 예문

➢ 那笔贷款他已偿还了。

➢ 债务人必须按期偿还贷款。

➢ 他们最终达成了无利息分期偿还的协定。

➢ 该公司的贷款偿还得及时。

남에게 받은 은혜나 감정의 빚을 갚을 때도 사용한다.

➢ 我欠下她的感情债，一辈子也偿还不完。

말씀 묵상하기

我们借着自己的力量不能使我们得变化。只要我们见到耶稣一切都可以得到解决。

Wǒmen jiè zhe zìjǐ de lìliang bù néng shǐ wǒmen dé biànhuà. Zhǐyào wǒmen jiàndào Yēsū yíqiè dōu kěyǐ dédào jiějué.

你们有面见耶稣的吗？ 什么时候耶稣进入到你们的内心当中呢？

Nǐmen yǒu miànjiàn Yēsū de ma? Shénmeshíhou Yēsū jìnrùdào nǐmen de nèixīn dāngzhōng ne?

구원받은 세관장 삭개오

성경말씀: 누가복음 19장

현지 세관장인 삭개오는 매우 부자였다. 삭개오 시대에 세무원이 하는 일은 정부를 위해 백성들로부터 세금을 걷는 것이어서 삭개오는 분명히 백성들의 미움을 샀을 것이다.

예수께서 여리고 성읍으로 지나갈 때 삭개오는 예수가 어떠한 사람인가 보고 싶었다. 삭개오는 키가 작은데다 사람이 많아 예수를 보기가 어려웠다. 삭개오가 예수를 보려고 앞으로 달려가 돌무화과 나무 위로 올라가니 예수가 그리로 지나가시게 되었다. 예수께서 그곳에 이르러 고개를 들어 삭개오를 보고 말씀하셨다. "삭개오야! 속히 내려오너라. 내가 오늘 너희 집에 머물겠노라." 삭개오는 급히 내려와 즐거워하며 예수님을 모시고 집으로 갔다.

사람들이 그 광경을 보고 수군거리며 말하였다. "예수가 결국 죄인의 집에 가서 머무는군."

이때 삭개오가 주 앞에 서서 말하였다. "주여, 제가 제 재산의 절반을 가난한 사람들에게 나누어 주고, 세금을 걷을 때 다른 사람의 것을 편취한 일이 있으면 네 배로 갚겠습니다." 예수께서 말씀하시기를 "오늘 구원이 이 집에 이르렀으니 이 사람도 아브라함의 자손이로다. 인자가 온 것은 잃어버린 자를 찾아 구원하려 함이다." 하셨다.

삭개오는 겉으로는 부자였을지라도 속마음은 아주 가난하고 영혼이 매우 굶주린 사람이었습니다. 삭개오는 예수님을 무척 만나고 싶어 했습니다. 그는 늘 죄악에서 그를 건져내줄 구세주를 찾고 있었는데, 그의 유일한 해결방법은 오직 예수를 만나는 것이었습니다.

우리들은 우리의 힘으로 우리를 변화시킬 수 없습니다. 우리들은 예수님을 만나야만 모든 것을 해결할 수 있습니다. 여러분들은 예수님을 만나셨습니까? 언제 예수님께서 여러분들의 마음속에 들어오셨습니까?

伟大的福音传道者—保罗[53)]

Wěidà de fúyīn chuándàozhě-Bǎoluó

 圣经话语: 使徒行传 7章~9章

　　司提反满有上帝的恩典和能力，在群众当中行了不少惊人的神迹奇事。

　　Sītífǎn mǎnyǒu shàngdì de ēndiǎn hé nénglì, zài qúnzhòng dāngzhōng xíng le bù shǎo jīngrén de shénjì qíshì.

一天，有些来自所谓"自由人会堂"[54)]的人跟司提反辩论。

Yì tiān, yǒu xiē láizì suǒwèi "zìyǒurén huìtáng" de rén gēn Sītífǎn biànlùn.

司提反说话时充满了智慧和圣灵，他们谁也抵挡不住。

Sītífǎn shuōhuà shí chōngmǎn le zhìhuì he shènglíng, tāmen shuí ye dǐdǎngbúzhù.

---

53) '保罗(Bǎoluó 바울)'는 헬라어 이름의 음역어이며, 그의 히브리어 이름의 음역어는 '扫罗(Sǎoluó 사울)'이다. 바울(保罗)은 유대인으로 로마제국의 시민권을 가지고 있었다. 그는 초기 기독교인들의 박해에 앞장섰으나, 다메섹(다마스쿠스)으로 가던 중 하나님을 만나고 회심하여 기독교를 전파하는 사도가 된다. 바울은 초기 기독교 전파에 앞장선 전도자로 기독교 역사의 탁월한 인물로 꼽힌다.

54) 구레네, 알렉산드리아, 길리기아와 아시아에서 온 유대인들이 모인 회당을 말한다.

于是他们煽动群众去司提反那里，把他抓回来了。

Yúshì tāmen shāndòng qúnzhòng qù Sītífǎn nàli, bǎ tā zhuāhuílái le。

司提反却圣灵充满，从容地定睛望天，他看见神的荣耀，又看见耶稣站在
神的右边，就说：“看啊！我看见天开了，人子站在神的右边。”

Sītífǎn què shènglíng chōngmǎn, cóngróng de dìngjīng wàngtiān, tā kànjiàn shén de róngyào, yòu kànjiàn Yēsū zhànzài shén de yòubiān, jiù shuō: "Kàn a! Wǒ kànjiàn tiān kāi le, rénzǐ zhànzài shén de yòubiān。"

众人掩着耳朵大声喊叫，向司提反冲了过来。

Zhòngrén yǎn zhe ěrduo dàshēng hǎnjiào, xiàng Sītífǎn chōng le guòlái。

他们把司提反拉到城外，开始用石头打他。

Tāmen bǎ Sītífǎn lādào chéngwài, kāishǐ yòng shítou dǎ tā。

他们用石头打司提反，司提反就祷告说：“主耶稣啊！求你接收我的灵魂！”

Tāmen yòng shítou dǎ Sītífǎn, Sītífǎn jiù dǎogào shuō: "Zhǔ Yēsū a! Qiú nǐ jiēshōu wǒ de línghún!"

他跪下，大声喊着说：“主阿！求你不要追究他们这个罪。”

Tā guìxià, dàshēng hǎn zhe shuō: "Zhǔ a! Qiú nǐ bú yào zhuījiū tāmen zhè ge zuì。"

说完，他就死了。

Shuōwán, tā jiù sǐ le。

扫罗目睹了这事，他完全赞同司提反被死。

Sǎoluó mùdǔ le zhè shì, tā wánquán zàntóng Sītífǎn bèi sǐ。

有些虔诚的人，把司提反埋葬了，为他捶胸大哭。

Yǒu xiē qiánchéng de rén, bǎ Sītífǎn máizàng le, wèi tā chuíxiōng dàkū。

从那天起，耶路撒冷的教会大遭逼迫。

Cóng nà tiān qǐ, Yēlùsālěng de jiàohuì dà zāo bīpò。

除了使徒以外，都分散在犹太和撒玛利亚各处。

Chúle shǐtú yǐwài, dōu fēnsànzài Yóutài hé Sāmǎlìyà gèchù。

那些分散的人走到哪里，就把福音传到哪里。

Nà xiē fēnsàn de rén zǒudào nǎli, jiù bǎ fúyīn chuándào nǎli。

在这其间，<u>扫罗</u>拼命恐吓跟从主的人，想要杀死他们。

Zài zhè qíjiān, Sǎoluó pīnmìng kǒnghè gēncóng zhǔ de rén, xiǎng yào shāsǐ tāmen。

<u>扫罗</u>就逼迫教会，进各人的家去，拉着男人女人，把他们关进监牢。

Sǎoluó jiù bīpò jiàohuì, jìn gèrén de jiā qù, lā zhe nánrén nǚrén, bǎ tāmen guānjìn jiānláo。

他又去大祭司那里，要求大祭司给<u>大马色</u>⁵⁵⁾的各会堂写信，他想要把所有追随这道的人押回<u>耶路撒冷</u>。

Tā yòu qù dàjìsī nàli, yāoqiú dàjìsī gěi Dàmǎsè de gè huìtáng xiěxìn, tā xiǎng yào bǎ suǒyǒu zhuīsuí zhè dào de rén yāhuí Yēlùsālěng。

　　<u>扫罗</u>走路，即将抵达<u>大马色</u>，突然一道光从天上射下来，四面照着他。

　　Sǎoluó zǒulù, jíjiāng dǐdá Dàmǎsè, tūrán yí dào guāng cóng tiānshàng shèxiàlái, sìmiàn zhào zhe tā。

他就仆倒在地，听见有声音。

Tā jiù pūdǎozài dì, tīngjiàn yǒu shēngyīn。

"<u>扫罗</u>! <u>扫罗</u>! 你为什么迫害我?"

"Sǎoluó! Sǎoluó! Nǐ wèishénme pòhài wǒ。"

他说: "主阿! 你是谁?"

Tā shuō: "Zhǔ a! Nǐ shì shéi?"

那声音回答: "我就是你所迫害的<u>耶稣</u>! 你起来，进城去，有人告诉你要做什么。"

Nà shēngyīn huídá: "Wǒ jiù shì nǐ suǒ pòhài de Yēsū! Nǐ qǐlái, jìn chéng qù, yǒu rén gàosù nǐ yào zuò shénme。"

跟<u>扫罗</u>同行的人，张口结舌地站着，他们都听见有人在说话，却看不见任

---

55) 大马色(다메섹): 오늘날의 다마스쿠스(Damascus)로 시리아의 수도임. 현존하는 도시 중 가장 오래된 역사를 지닌 다메섹은 예루살렘으로부터 약 240Km 떨어져 있다. 스데반의 순교로 촉발된 핍박으로 그리스도인들은 예루살렘으로부터 각 지역으로 흩어졌는데, 그들 중 많은 사람들이 다메섹을 행선지로 삼았다. 사울은 대제사장의 허락을 받아 다메섹에 가서 이들을 잡아 예루살렘으로 연행해 오려고 하였다.

何人。

Gēn Sǎoluó tóngxíng de rén, zhāngkǒujiéshé de zhàn zhe, tāmen dōu tīngjiàn yǒu rén zài shuōhuà, què kànbujiàn rènhé rén。

扫罗从地上起来，睁开眼睛，却什么也看不见了。

Sǎoluó cóng dìshang qǐlái, zhēngkāi yǎnjing, què shénme ye kànbujiàn le。

他的同伴拉着他的手，领他进入大马色。

Tā de tóngbàn lā zhe tā de shǒu, lǐng tā jìnrù Dàmǎsè。

一连三天，扫罗不能看见，不吃也不喝。

Yìlián sān tiān, Sǎoluó bù néng kànjiàn, bù chī yě bù hē。

大马色城里有一个门徒，名叫亚拿尼亚56)。

Dàmǎsè chéngli yǒu yí ge méntú, míng jiào Yànáníyà。

主在异象中对他说：“你起来，往直街去，到犹大家中找一个名叫扫罗。他正在向我祷告。”

Zhǔ zài yìxiàngzhōng duì tā shuō: "Nǐ qǐlái, wǎng Zhíjiē qù, dào Yóudà jiāzhōng zhǎo yí ge míng jiào Sǎoluó。Tā zhèngzài xiàng wǒ dǎogào。"

亚拿尼亚回答说：“主阿！我听很多人说，这个人在耶路撒冷对信徒做了许多恶事。并且他在这里有从祭司长得来的权柄，让他捉拿所有呼求你名的人。”

Yànáníyà huídá shuō: "Zhǔ a! Wǒ tīng hěn duō rén shuō, zhè ge rén zài Yēlùsālěng duì xìntú zuò le èshì。Bìngqiě tā zài zhèli yǒu cóng jìsīzhǎng délái de quánbǐng, ràng tā zhuōná suǒyǒu hūqiú nǐ míng de rén。

主却说：“你去吧。他是我拣选的器皿，他要在外邦人和君王及以色列人面前，宣扬我的名。”

Zhǔ què shuō: "Nǐ qù ba。Tā shì wǒ jiǎnxuǎn de qìmǐn, tā yào zài wàibāngrén hé jūnwáng jí Yǐsèlièrén miànqián, xuānyáng wǒ de míng。"

---

56) 亚拿尼亚(아나니아): 다메섹에 사는 그리스도인. 사울이 다메섹으로 가는 도중에 하나님을 만나 회심하고 개종했을 때 아나니아는 성령의 인도로 사울을 방문하여 사울의 시력을 회복시켜주고 세례를 주었다.

亚拿尼亚就去找到扫罗，把手按在扫罗身上，说："兄弟，扫罗！耶稣打发我来，叫你能看见，又被圣灵充满。"

Yànáníyà jiù qù zhǎodào Sǎoluó, bǎ shǒu ànzài Sǎoluó shēnshang, shuō: "Xiōngdì, Sǎoluó! Yēsū dǎfā wǒ lái, jiào nǐ néng kànjiàn, yòu bèi shènglíng chōngmǎn。"

顿时，有鳞片似的东西从扫罗的眼睛上掉下来，他就能看见了。

Dùnshí, yǒu línpiàn sì de dōngxi cóng Sǎoluó de yǎnjingshàng diàoxiàlái, tā jiù néng kànjiàn le。

于是扫罗起来，受了洗，吃过饭，就恢复了体力。

Yúshì Sǎoluó qǐlái, shòu le xǐ, chī guò fàn, jiù huīfù le tǐlì。

扫罗和大马色的门徒在一起待了几天，就在各会堂里传讲耶稣是神的儿子。

Sǎoluó hé Dàmǎsè de méntú zài yìqǐ dāi le jǐ tiān, jiù zài gè huìtánglǐ chuánjiǎng Yēsū shì shén de érzi。

听到的他说话的人都十分惊讶，说："从前在耶路撒冷迫害耶稣跟从者的，不就是这个人吗？ 他到这里来，不是为了捉拿他们带到祭司长那里去吗？

Tīngdào de tā shuōhuà de rén dōu shífēn jīngyà, shuō: "Cóngqián Yēlùsālěng pòhài Yēsū gēncóngzhě de, bú jiù shì zhè ge rén ma? Tā dào zhèli lái, bú shì wèile zhuōná tāmen dàidào jìsīzhǎng nàli qù ma?

但扫罗讲道越来越有能力，他证明耶稣就是基督，大马色的犹太人都无法反驳他。

Dàn Sǎoluó jiǎngdào yuèláiyuè yǒu nénglì, tā zhèngmíng Yēsū jiù shì Jīdū, Dàmǎsè de Yóutàirén dōu wúfǎ fǎnbó tā。

过了几天，一些犹太人密谋要杀扫罗。

Guò le jǐ tiān, yì xiē Yóutàirén mìmóu yào shā Sǎoluó。

他们在城门口日夜监视，想找机会下手，但他们的阴谋却传到了扫罗耳中。

Tāmen zài chéng ménkǒu rìyè jiānshì, xiǎng zhǎo jīhuì xiàshǒu, dàn tāmen de yīnmóu què chuándào le Sǎoluó ěrzhōng。

于是，他的门徒在夜里用一个大筐子把扫罗从城墙上缒了下去。

Yúshì, tā de méntú zài yèli yòng yí ge dà kuāngzi bǎ Sǎoluó cóng chéngqiángshàng zhuì le xiàqù。

扫罗来到耶路撒冷，想与门徒交往，可是他们都怕他，不相信他真的成了门徒。

Sǎoluó láidào Yēlùsālěng, xiǎng yǔ méntú jiāowǎng, kěshì tāmen dōu pà tā, bù xiāngxìn tā zhēnde chéng le méntú。

于是巴拿巴[57]带他去见使徒，给他们说扫罗在前往大马色的路上怎样遇见主，主怎样对他说话，他在大马色怎样大胆地奉耶稣的名传道。

Yúshì Bānábā dài tā qù jiàn shǐtú, gěi tāmen shuō Sǎoluó zài qiánwǎng Dàmǎsè de lùshang zěnyàng yùjiàn zhǔ, zhǔ zěnyàng duì tā shuōhuà, tā zài Dàmǎsè zěnyàng dàdǎn de fèng Yēsū de míng chuándào。

扫罗跟使徒在一起，和他们走遍耶路撒冷，奉主的名放胆传道。

Sǎoluó gēn shǐtú zài yìqǐ, hé tāmen zǒubiàn Yēlùsālěng, fèng zhǔ de míng fàngdǎn chuándào,

他跟那些犹太人辩论，可是他们却想下手杀他。

Tā gēn nà xiē Yóutàirén biànlùn, kěshì tāmen què xiǎng xiàshǒu shā tā。

弟兄们知道了这事，就打发他往大数去。

Dìxiōngmen zhīdao le zhè shì, jiù dǎfā tā wǎng Dàshù qù。

这时，犹太、加利利、撒玛利亚的教会都得平安，使教会越来越坚固，信徒过着敬畏主的生活，并且得到圣灵的鼓励安慰，人数就越来越多。

Zhè shí, Yóutài、Jiālìlì、Sāmǎlìyà de jiàohuì dōu dé píng'ān, shǐ jiàohuì yuèláiyuè jiāngù, xìntú guò zhe jìngwèi zhǔ de shēnghuó, bìngqiě dédào shènglíng de gǔlì ānwèi, rénshù jiù yuèláiyuè duō。

巴拿巴和扫罗被圣灵差遣出去。

Bānábā hé Sǎoluó bèi shènglíng chāiqiǎn chūqù。

他们到了撒拉米城，就去犹太人的会堂传讲神的道。

Tāmen dào le Sālāmǐchéng, jiù qù Yóutàirén de huìtáng chuánjiǎng shén de dào。

---

57) 巴拿巴(바나바): 구브로 섬 출신 레위인으로 본명은 요셉이다. 성품이 온유하고 재능이 다양하여 사도들에 의해 '바나바'로 불리었다. '바나바'는 '위로의 아들, 권위자, 위로자'의 의미를 지닌다. 바나바는 바울과 함께 안디옥에서 선교사역을 하며 대부흥을 일으켰다.

他们継续往内陆走，来到安提啊。

Tāmen jìxù wǎng nèilù zǒu, láidào Āntí'ā.

安息日那天，他们来到会堂参加礼拜。

Ānxīrì nà tiān, tāmen láidào huìtáng cānjiā lǐbài.

管会堂的人就派人说：“兄弟们，如果你们有什么要劝勉大家，请说。”

Guǎn huìtáng de rén jiù pài rén shuō: "Xiōngdìmen, rúguǒ nǐmen yǒu shénme yào quànmiǎn dàjiā, qǐng shuō."

扫罗又称为保罗，被圣灵充满。

Sǎoluó yòu chēngwéi Bǎoluó, bèi shènglíng chōngmǎn.

保罗站了起来，说：“以色列人和一切敬畏神的人，请听我说。以色列民的神拣选了我们的祖先，使他们从埃及救出来。”

Bǎoluó zhàn le qǐlái, shuō: "Yǐsèlièrén hé yíqiè jìngwèi shén de rén, qǐng tīng wǒ shuō. Yǐsèlièmín de shén jiǎnxuǎn le wǒmen de zǔxiān, shǐ tāmen cóng Āijí jiùchūlái."

又说：“后来神立大卫作王，说‘他是合我心意的人，他必要遵行我一切的旨意。’神按照应许的，从这个人的子孙中，为了以色列人立了一位救主，就是耶稣。耶路撒冷的众人和领袖没有认出基督，把基督定了死罪，却还是要求彼拉多要杀他。神却让他从死人中复活了。”

Yòu shuō: "Hòulái shén lì Dàwèi zuò wáng, shuō 'tā shì hé wǒ xīnyì de rén, tā bì yào zūnxíng wǒ yíqiè de zhǐyì.' Shén ànzhào yīngxǔ de, cóng zhè ge rén de zǐsūnzhōng, wèile Yǐsèlièrén lì le yí wèi jiùzhǔ, jiù shì Yēsū. Yēlùsālěng de zhòngrén hé lǐngxiù méi yǒu rènchū Jīdū, bǎ Jīdū dìng le sǐzuì, què háishi yāoqiú Bǐlāduō yào shā tā. Shén què ràng tā cóng sǐrén zhōng fùhuó le."

又说：“兄弟们！你们当晓得，借着耶稣这个人，你们的罪可以得到赦免。凡是相信他的，都要被神称为义人。”

Yòu shuō: "Xiōngdìmen! Nǐmen dāng xiǎodé, jiè zhe Yēsū zhè ge rén, nǐmen de zuì kěyǐ dédào shèmiǎn. Fán shì xiāngxìn tā de, dōu yào bèi shén chēngwéi yìrén."

保罗和巴拿巴离开会堂的时候，众人请求他们到下一个安息日，再来讲这些事。

Bǎoluó hé Bānábā líkāi huìtáng de shíhou, zhòngrén qǐngqiú tāmen dào xià yí ge ānxīrì, zài lái jiǎng zhè xiē shì。

到了下一个安息日，几乎全城的人都出来听神的道。

Dào le xià yí ge ānxīrì, jīhū quánchéng de rén dōu chūlái tīng shén de dào。

犹太人看到这很多的人，就满心嫉妒，于是就诽谤保罗。

Yóutàirén kàndao zhè hěn duō de rén, jiù mǎnxīn jídù, yúshì jiù fěibàng Bǎoluó。

保罗和巴拿巴放胆说："我们必须把神的道先传给你们犹太人，但既然你们拒绝接受，断定自己不配得到永生，我们就要把它传给外邦人。"

Bǎoluó hé Bānábā fàngdǎn shuō: "Wǒmen bìxū bǎ shén de dào xiān chuán gěi nǐmen Yóutàirén, dàn jìrán nǐmen jùjué jiēshòu, duàndìng zìjǐ bú pèi dédào yǒngshēng, wǒmen jiù yào bǎ tā chuángěi wàibāngrén。"

外邦人听了这话，非常高兴，赞美神的道。所预定得永生的人都信了。就这样，主的道传遍了那个地方。

Wàibāngrén tīng le zhè huà, fēicháng gāoxìng, zànměi shén de dào。Suǒ yùdìng dé yǒngshēng de rén dōu xìn le。Jiù zhèyàng, zhǔ de dào chuánbiàn le nà ge dìfang。

生词

辩论	biànlùn	명/동	변론(하다), 논쟁(하다), 토론(하다)
抵挡	dǐdǎng	동	저항하다, 막다, 저지하다
煽动	shāndòng	동	선동하다, 부추기다
从容	cóngróng	형	침착하다, 여유가 있다, 넉넉하다
定睛	dìngjīng	동	시선을 집중시키다, 주시하다
望天	wàngtiān	동	하늘을 바라보다
掩	yǎn	동	가리다, 닫다, 감싸다, 숨기다
大声喊叫	dàshēng hǎnjiào	동	큰 소리로 외치다
接收	jiēshōu	동	받다, 받아들이다, 접수하다
灵魂	línghún	명	영혼
追究	zhuījiū	동	규명하다, 추궁하다, 따지다
逼迫	bīpò	동	핍박하다, 강요하다
虔诚	qiánchéng	형	경건하고 정성스럽다(종교, 신앙에 주로 쓰임)
埋葬	máizàng	동	(시체를) 묻다, 매장하다
捶胸大哭	chuíxiōng dàkū	동	주먹으로 가슴을 치며 통곡하다
教会	jiàohuì	명	교회
关	guān	동	가두다, 감금하다
监牢	jiānláo	명	감옥
福音	fúyīn	명	복음
拼命	pīnmìng	동	필사적으로 하다, 적극적으로 하다, 목숨을 내던지다
恐吓	kǒnghè	동	으르다, 위협하다, 협박하다
大祭司	dàjìsī	명	대제사장
追随	zhuīsuí	동	추종하다, 뒤쫓아 따르다
押	yā	동	호송하다, 잡아서 가두다, 구류하다
照	zhào	동	비추다
仆倒	pūdǎo	동	엎어지다, 넘어지다, 쓰러지다
张口结舌	zhāngkǒujiéshé	성	(이치가 닿지 않거나 혹은 두려워서) 말문이 막히다

同伴	tóngbàn	명	동료, 짝
异象	yìxiàng	명	환상, 이상한 현상
权柄	quánbǐng	명	권세
捉拿	zhuōná	동	(범인을) 붙잡다, 체포하다
拣选	jiǎnxuǎn	동	선택하다, 고르다
器皿	qìmǐn	명	그릇
宣扬	xuānyáng	명	선양하다, 널리 알리다
鳞片	línpiàn	명	비늘, 비늘 조각
恢复	huīfù	동	회복되다, 회복하다
惊讶	jīngyà	형	놀랍고 의아하다
证明	zhèngmíng	명/동	증명(하다)
讲道	jiǎngdào	동	설교하다, 도리를 설명하다
反驳	fǎnbó	명/동	반박(하다)
密谋	mìmóu	명/동	음모(하다), 비밀모의(하다)
监视	jiānshì	동	감시하다
阴谋	yīnmóu	명/동	음모(하다)
筐子	kuāngzi	명	광주리, 바구니
缒	zhuì	동	(사람이나 물건을) 줄에 매달아 내려 보내다, 줄에 매달려 내려가다
大胆	dàdǎn	형	담대하다, 대담하다
传道	chuándào	동	전도하다
放胆	fàngdǎn	동	대함하게 하다, 마음껏 하다
差遣	chāiqiǎn	동	파견하다, 임명하다
内陆	nèilù	명	내륙
安息日	ānxīrì	명	안식일
劝勉	quànmiǎn	명/동	권면(하다), 장려(하다), 격려(하다)
应许	yīngxǔ	동	승낙하다, 허락하다
领袖	lǐngxiù	명	지도자, 영수
晓得	xiǎodé	동	알다, 이해하다
赦免	shèmiǎn	동	사면하다, 방면하다
嫉妒	jídù	동	질투하다, 샘내다

诽谤	fěibàng	동	비방하다, 헐뜯다
拒绝	jùjué	명 / 동	거절(하다), 거부(하다)
断定	duàndìng	명 / 동	단정(하다), 판정(하다)
赞美	zànměi	동	찬양하다, 찬미하다
预定	yùdìng	명 / 동	예정(하다)
传遍	chuánbiàn	동	두루 퍼지다

고유명사

保罗	Bǎoluó	인명	바울(초기 기독교를 전파한 사도)
司提反	Sītífǎn	인명	스데반(기독교 역사상 최초의 부제(사제를 보좌하는 성직자)이자 선교자)
扫罗	Sǎoluó	인명	사울(바울의 히브리어 이름)
大马色	Dàmǎsè	지명	다메섹(오늘날의 다마스쿠스로 시리아의 수도임)
亚拿尼亚	Yànáníyà	인명	아나니아(다메섹의 그리스도인 제자)
直街	Zhíjiē	지명	직가(다메섹을 동서로 관통하는 거리의 하나)
巴拿巴	Bānábā	인명	바나바(레위파 유대인 요셉의 별칭)
大数	Dàshù	지명	다소(사도 바울의 고향으로 소아시아 남동부에 있는 도시)
撒拉米	Sālāmǐ	지명	살라미(지중해의 섬 구브로(바나바의 고향) 동편 해안에 위치한 도시)
安提啊	Āntí'ā	지명	안디옥(그리스도교의 중요한 근거지로 현재 터키 얄와치의 북쪽부근)
彼拉多	Bǐlāduō	인명	빌라도(AD 26년부터 36년까지 유대를 다스린 로마 총독)

어휘풀이

1 追究 [통] 규명하다, 추궁하다, 따지다

> 主阿! 求你不要追究他们这个罪。
> Zhǔ a! Qiú nǐ bú yào zhuījiū tāmen zhè ge zuì。
> 주여! 제발 이 죄를 저들에게 묻지 마옵소서.

❖ 어휘설명

'追究'는 일의 원인을 꼬치꼬치 캐묻거나 책임 등을 따져 묻는 행위를 말한다. 술어, 목적어, 관형어로 사용되고, 자주 이음절 어휘와 결합하여 사용된다.

❖ 예문

➢ 事故的原因要认真追究。

➢ 我不想和朋友追究对错。

➢ 这么重大的事件必须进行追究。

➢ 安全责任追究的目的是让人们更好地履行安全责任。

2 逼迫 [통] 핍박하다, 강요하다

> 从那天起，耶路撒冷的教会大遭逼迫。
> Cóng nà tiān qǐ, Yēlùsālěng de jiàohuì dà zāo bīpò。
> 그날부터 예루살렘에 있는 교회는 큰 핍박을 받았다.

❖ 어휘설명

'逼迫'는 상대를 바싹 죄어서 매우 못살게 굴거나 압력을 사용하여 강요하는 행위를 말한다. 술어, 목적어, 관형어로 사용되고, 주로 서면어에 쓰인다.

❖ 예문

➢ 妈妈逼迫他马上找工作。

➢ 你放心，没有人来逼迫你。

> 要爱你们的仇敌，为那逼迫你们的人祷告。

> 他总是被逼迫的对象。

3 拼命 图 필사적으로 하다, 목숨을 내던지다, 최선을 다하다

> 在这其间，扫罗拼命恐吓跟从主的人，想要杀死他们。
>
> Zài zhè qíjiān, Sǎoluó pīnmìng kǒnghè gēncóng zhǔ de rén, xiǎng yào shāsǐ tāmen。
>
> 이 시기에 사울은 앞장서서 주를 따르는 사람들을 위협하고 그들을 죽이려 하였다.

❖ 어휘설명

'拼命'은 어떤 일에 적극적이거나 필사적으로 앞장서는 것을 의미한다. 술어, 목적어, 부사어로 사용된다[58].

❖ 예문

> 他干活儿，怎么这么拼命?

> 他做事算得上拼命。

> 她最怕老鼠，一见老鼠就拼命叫。

> 狼来了，羊拼命地跑。

4 恐吓 图 으르다, 위협하다, 협박하다, 공갈하다

> 在这其间，扫罗拼命恐吓跟从主的人，想要杀死他们。
>
> Zài zhè qíjiān, Sǎoluó pīnmìng kǒnghè gēncóng zhǔ de rén, xiǎng yào shāsǐ tāmen。
>
> 이 시기에 사울은 앞장서서 주를 따르는 사람들을 위협하고 그들을 죽이려 하였다.

❖ 어휘설명

'恐吓'는 협박하는 언어나 수단을 사용하여 다른 사람을 위협하는 행위를 말한

---

58) '拼命'이 부사어로 사용될 때 비동작동사(非動作動詞)를 수식할 수 없다.
  예: 我拼命希望早点儿回家。(×)→我非常希望早点儿回家。(○)

다. 술어, 목적어, 관형어, 부사어로 사용되고, 술어로 사용될 때 보어와 결합할
수 있다.

❖ 예문

➢ 我连死都不怕，还怕恐吓吗?

➢ 他常用恐吓的手段欺负小同学。

➢ 小王经常恐吓地说。

➢ 他开枪只是为了恐吓她一下。

5 宣扬 [동] 선양하다, 널리 알리다

> 他是我拣选的器皿，他要在外邦人和君王及<u>以色列</u>人面前，<u>宣
> 扬</u>我的名。"
>
> Tā shì wǒ jiǎnxuǎn de qìmǐn, tā yào zài wàibāngrén hé jūnwáng jí Yǐsèlièrén
> miànqián, xuānyáng wǒ de míng.
>
> 이 사람은 이방인과 임금들과 이스라엘 자손들 앞에 내 이름을 전하기 위하여
> 택한 나의 그릇이니라.

❖ 어휘설명

'宣扬'은 널리 선전해서 모두가 알게 하는 행위를 말하며, 술어, 목적어, 관형어
로 사용된다.

❖ 예문

➢ 报纸应该宣扬好人好事。

➢ 那个企业积极地宣扬新产品。

➢ 你们立即停止宣扬。

➢ 他们宣扬的这种思想遭到许多人反对。

말씀 묵상하기

你们当晓得，借着耶稣这个人，你们的罪可以得到赦免。 (徒 13:38)

Nǐmen dāng xiǎodé, jiè zhe Yēsū zhè ge rén, nǐmen de zuì kě dédào shèmiǎn.

凡是相信他的，都要被神称为义人。 (徒 13:39)

Fán shì xiāngxìn tā de, dōu yào bèi shén chēngwéi yìrén.

위대한 복음 전도자 바울

성경말씀: 사도행전 7장~9장

스데반은 하나님께서 주신 은혜와 능력으로 사람들 속에서 많은 놀라운 일과 큰 기적을 행하였다. 하루는 이른바 '자유민 회당'에서 온 사람들이 들고일어나 스데반과 논쟁을 벌였다. 그러나 스데반이 지혜와 성령이 충만한 상태로 말을 전하니 그들은 스데반을 당해낼 수 없었다. 그러자 그들은 사람들을 선동하여 스데반에게 몰려가 그를 붙잡아 끌고 왔다. 하지만 스데반은 도리어 성령이 충만해져 하늘을 바라보니 하나님의 영광이 보이고, 예수께서 하나님의 오른편에 서 계신 것이 보였다. 그리하여 "보십시오. 하늘이 열려 있고, 하나님의 오른쪽에 인자가 서 계신 것이 보입니다." 하고 말하였다. 그러자 유대인들이 귀를 막고 큰소리를 지르며 다 같이 그에게 달려들었다. 사람들은 스데반을 성 밖으로 끌어내고 돌로 쳤다. 그들이 돌로 스데반을 칠 때 스데반이 기도하며 말하였다. "주 예수여! 내 영혼을 받아 주시옵소서." 그리고는 무릎을 꿇고 크게 소리쳐 외쳤다. "주여! 이 죄를 저 사람들에게 돌리지 마십시오." 이 말을 마치고 스데반은 세상을 떠났다.

사울은 이 일을 목도하고, 스데반의 죽음을 당연하게 여기었다. 그러나 몇몇 경건한 사람들은 스데반을 장사하고 통곡하며 울었다. 그때부터 예루살렘에 있는 교회들이 큰 핍박을 받았다. 그리하여 사도 외에는 모두 유대와 사마리아 각 지역으로 흩어졌다. 각 땅으로 흩어진 사람들은 두루 다니며 복음의 말씀을 전하였다. 이 시기에 사울은 앞장서서 주를 따르는 사람들을 위협하고 그들을 죽이려 하였다. 그는 교회를 핍박하며 각 집에 들어가 남녀를 끌어다가 감옥에 가두었다. 사울은 또 대제사장에게 가서 다메섹 여러 회당에 갈 공문을 청하였는데, 이는 그 도를 따르는 사람들을 예루살렘으로 잡아 오기 위해서였다.

사울이 길을 떠나 다메섹에 가까이 이르자 홀연히 하늘에서 빛이 그를 비추었다. 사울이 땅에 엎드리니 소리가 들려왔다. "사울아! 사울아! 네가 어찌하여 나를 핍박하느냐?" 사울이 말하였다. "주여! 뉘시옵니까?" 그 소리가 대답하였다. "나는 네가 핍박하는 예수이니라. 너는 일어나 성으로 들어가라. 네가 행할 것을 너에게 알려줄 사람이 있느니라." 사울과 같이 가던 사람들은 누군가 말하는 것을 들었으나 아무도 보이지 않아 말문이 막힌 채 입만 벌리고 서 있었다. 사울이 땅에서 일어나 눈을 떴는데 아무것도 보이지 않았다. 그의 일행이 사울의 손을 끌고 다메섹으로 들어갔다. 그곳에서 사울은 사흘 동안을 보지 못하고 식음을 전폐하였다.

그때 다메섹에 아나니아라는 제자가 있었는데, 주께서 환상 중에 그를 불러 말하였다. "너는 일어나 직가라 하는 거리로 가서 유다 집에서 사울이라 하는 자를 찾아라. 그가 나에게 기도하는 중이로다." 아나니아가 대답하였다. "주여! 이 사람에 대하여 내가 여러 사람에게 들은즉 그가 예루살렘에서 주의 성도에게 적지 않은 해를 끼쳤다 하더이다. 여기서도 주의 이름을 부르는 모든 사람을 결박할 권세를 대제사장들에게서 받았습니다." 그러나 주께서 말씀하시기를 "가거라. 이 사람은 이방인과 임금들과 이스라엘 자손들 앞에 내 이름을 전하기 위하여 택한 나의 그릇이니라." 하였다. 아나니아가 사울을 찾아가 사울에게 안수하며 말하였다. "형제, 사울아! 예수께서 나를 보내어 너를 다시 보게 하시고 성령으로 충만하게 하시는구나." 순간 사울의 눈에서 비늘 같은 것이 벗겨져 다시 보게 되었다. 사울이 일어나 세례를 받고 음식을 먹으니 체력이 회복되었다. 사울은 다메섹에 있는 제자들과 함께 며칠 머물면서, 각 회당에서 예수가 하나님의 아들이심을 전파하였다. 그가 말하는 것을 들은 사람들이 모두 놀라 말하였다. "이 사람은 예루살렘에서 예수 추종자를 핍박하던 자가 아니냐? 그가 여기 온 것도 그들을 붙잡아 대제사장들에게 끌고 가고자 함이 아니더냐?" 그러나 사울이 점점 더 힘을 얻어 예수를 그리스도라 증명하니 다메섹에 사는 유대인들은 더 이상 반박할 수 없었다.

여러 날이 지나고 유대인들이 사울을 죽이려고 공모하였다. 그들은 밤낮으로 성문을 지키며 그를 죽일 기회를 찾았으나, 도리어 그들의 계략이 사울 귀에 들어가게 되었다. 그리하여 제자들이 밤에 사울을 큰 광주리에 담아 성 위에서 매달아 내려주었다. 사울은 예루살렘으로 가서 제자들을 사귀고자 하였으나 다 두려워하며 그가 제자가 된 것을 믿지 않았다. 그리하여 바나바가 그를 데리고 사도들에게 가서 그가 다메섹으로 가는 길에 어떻게 주를 보았는지와 주께서 그에게 말씀하신 일 그리고 다메섹에서 그가 어떻게 예수의 이름을 담대히 증거 하였는지를 말하였다. 사울이 제자들과 함께 지내면서 그들과 같이 예루살렘을 다니며 주 예수의 이름을 담대히 전하였다. 그가 유대인들과 논쟁을 벌이니 그들이 사울을 죽이려고 난리였다. 형제들이 이 사실을 알고 사울을 다소로 보냈다. 이때는 온 유대와 갈릴리와 사마리아

교회가 평안하여 든든히 서가고, 주를 경외함과 성령의 위로로 그 수가 더욱 많아지게 되었다.

바나바와 사울은 성령의 인도하심으로 살라미성에 이르러 유대인의 여러 회당에서 하나님의 말씀을 전하였다. 그들은 계속하여 내륙으로 들어가 안디옥에 이르렀다. 안식일에 그들은 예배를 드리러 회당으로 갔다. 회당장들이 사람을 보내어 물었다. "형제들아 만일 백성들에게 권할 말이 있거든 말하라." 성령 충만한 사울은 바울이라고도 불리었다. 바울이 일어나 말하였다. "이스라엘 사람들과 모든 하나님을 경외하는 사람들아! 들으라! 이스라엘 백성의 하나님이 우리 조상들을 택하시고 그들을 애굽 땅에서 인도하여 내셨다." 또 말하였다. "후에 다윗을 왕으로 세우시고 말씀하시기를 '다윗은 내 마음에 합한 자로 내 뜻을 다 이루게 하리라.' 하셨다. 하나님이 약속하신 대로 이 사람의 자손 중에서 이스라엘을 위하여 구주를 세우셨으니 그가 곧 예수라. 예루살렘에 사는 자들과 관원들이 그리스도를 알아보지 못하고 그를 정죄하여 그를 빌라도에게 죽여 달라 하였다. 그러나 하나님께서 죽은 자 가운데서 그를 살리셨도다." 이어 "형제들아! 너희가 알아야 할 것은 이 분으로 인해서 너희가 죄 사함을 받았도다. 무릇 예수를 믿는 자는 하나님께 모두 의롭다함을 얻을 것이다." 하고 말하였다. 그들이 나갈 때 사람들이 다음 안식일에도 이 말씀을 해달라고 청하였다.

그다음 안식일에는 하나님 말씀을 들으려고 거의 온 성의 사람들이 다 나왔다. 유대인들이 그 무리를 보고 시기가 가득하여 바울을 비방하였다. 그러자 바울과 바나바가 담대히 말하였다. "하나님의 말씀을 마땅히 먼저 너희 유대인들에게 전하려 하였으나, 너희가 그것을 거부하고 영생을 얻기에 합당하지 않은 자로 자처하니 우리가 이방인에게로 가겠노라." 이방인들이 듣고 기뻐하며 하나님의 말씀을 찬송하였다. 영생을 주시기로 작정된 자는 다 믿게 되었다. 이렇게 주의 말씀이 그 지방에 두루 퍼졌다.

成为教会磐石的使徒—彼得

Chéngwéi jiàohuì pánshí de shǐtú–Bǐdé

 圣经话语: 路加福音 5章, 22章 / 约翰福音 1章, 20章, 21章 / 马太福音 16章~18章 / 马可福音 14章

一天，耶稣站在湖边讲道，周围挤满了一大群人，要听神的话语。

　　Yì tiān, Yēsū zhànzài húbiān jiǎngdào, zhōuwéi jǐmǎn le yí dà qúnrén, yào tīng shén de huàyǔ。

耶稣看见有两只船停着湖边，有一只船，是西门的，耶稣就上了船。

Yēsū kànjiàn yǒu liǎng zhī chuán tíng zhe húbiān, yǒu yì zhī chuán, shì Xīmén de, Yēsū jiù shàng le chuán。

他坐在船上教导众人，讲完之后，耶稣对西门说："现在把船划到水深的地方，下网打鱼吧。"

Tā zuòzài chuánshàng jiàodǎo zhòngrén, jiǎngwán zhīhòu, Yēsū duì Xīmén shuō: "Xiànzài bǎ chuán huádào shuǐ shēn de dìfang, xiàwǎng dǎyú ba。"

西门说："老师! 我们劳碌了一整夜，什么也没捕到[59]。不过，既然你这样

---

59) 什么也没捕到。(아무것도 잡지 못했다.): '捕到'는 '동사+결과보어'로 부정은 '没(有)'를 사용한다.
(예: 吃好了↔没吃好 / 找到了↔没找到)

吩咐，我就再下网吧。"

Xīmén shuō: "Lǎoshī! Wǒmen láolù le yì zhěngyè, shénme yě méi bǔdào. Búguò, jìrán ní zhèyàng fēnfù, wǒ jiù xià wǎng ba.

他们下了网，就装满了鱼，连网都要撑破了。

Tāmen xià le wǎng, jiù zhuāngmǎn le yú, lián wǎng dōu yào chēngpò le.

他们就喊另一条船上的同伴来帮忙，他们来，两条船都装满了鱼，船几乎要沉了[60]。

Tāmen jiù hǎn lìng yì tiáo chuánshàng de tóngbàn lái bāngmáng, tāmen lái, liǎng tiáo chuán dōu zhuāngmǎn le yú, chuán jīhū yào chén le.

西门·彼得看见，就跪在耶稣的面前，说："主阿！请离开我，我是个罪人。"

Xīmén·Bǐdé kànjiàn, jiù guìzài Yēsū de miànqián, shuō: "Zhǔ a! Qǐng líkāi wǒ, wǒ shì ge zuìrén."

西门和船上的人，都为他们捕到这么多的鱼深感震惊，雅各和约翰也同样感到惊讶。

Xīmén hé chuánshàng de rén, dōu wèi tāmen bǔdào zhème duō de yú shēn gǎn zhènjīng, Yǎgè hé Yuēhàn yě tóngyàng gǎndào jīngyà.

耶稣对西门说："不要害怕。从今以后，你得人就像得鱼一样。"

Yēsū duì Xīmén shuō: "Bú yào hàipà. Cóngjīn yǐhòu, nǐ dé rén jiù xiàng dé yú yíyàng."

他们上岸之后，就撇下一切，跟从了耶稣。

Tāmen shàng'àn zhīhòu, jiù piēxià yíqiè, gēncóng le Yēsū.

耶稣就问门徒说："别人说人子是谁？"

Yēsū jiù wèn méntú shuō: "Biérén shuō rénzǐ shì shéi?"

他们回答："有人说是施洗的约翰。有人说是以利亚，又有人说是耶利米，或是其他先知中的一位。"

Tāmen huídá: "Yǒu rén shuō shì shīxǐ de Yuēhàn. Yǒu rén shuō shì Yǐlìyà, yòu yǒu rén shuō shì Yēlìmǐ, huòshì qítā xiānzhīzhōng de yí wèi."

---

60) 船几乎要沉了。(배가 거의 가라앉을 뻔하였다.): '几乎'는 눈앞에 곧 발생할 상황이나 결과적으로는 발생하지 않은 상황을 나타내며, 주로 동사 앞에 쓰인다. (예: 他被摩托车撞了一下，几乎死了。그는 오토바이에 치여서 하마터면 죽을 뻔했다.)

耶稣又问: "那么, 你们说我是谁?"

Yēsū yòu wèn: "Nàme, nǐmen shuō wǒ shì shéi?"

西门·彼得回答说: "你是基督, 是永生神的儿子。"

Xīmén·Bǐdé huídá shuō: "Nǐ shì Jīdū, shì yǒngshēng shén de érzi。"

耶稣对他说: "你是有福的。因为这是我天上的父启示你的, 而不是人教你的。"

Yēsū duì tā shuō: "Nǐ shì yǒu fú de。Yīnwèi zhè shì wǒ tiānshàng de fù qǐshì nǐ de, ér bú shì rén jiào nǐ de。"

"我还要告诉你, 你是彼得(意思是磐石)。我要把我的教会建立在这块磐石上, 地狱一切的权势都无法胜过它。"

"Wǒ hái yào gàosu nǐ, nǐ shì Bǐdé(yìsi shì pánshí)。Wǒ yào bǎ wǒ de jiàohuì jiànlìzài zhè kuài pánshíshàng, dìyù yíqiè de quánshì dōu wúfǎ shèng guò tā。"

"我还要把天国的钥匙交给你。你在地上所捆绑的, 在天上也要捆绑; 你在地上准许的, 在天上也要准许。"

"Wǒ hái yào bǎ tiānguó de yàoshi jiāogěi nǐ。Nǐ zài dìshang suǒ kǔnbǎng de, zài tiānshàng yě yào kǔnbǎng; nǐ zài dìshang zhǔnxǔ de, zài tiānshàng yě yào zhǔnxǔ。"

耶稣接着嘱咐门徒, 不可告诉任何人他就是基督。

Yēsū jiēzhe zhǔfù méntú, bù kě gàosu rènhé rén tā jiù shì Jīdū。

从此, 耶稣开始直截了当地告诉门徒, 他必须往耶路撒冷去, 在长老、祭司长和文士手中受许多苦难, 并要被杀, 第三天要从死人中复活。

Cóngcǐ, Yēsū kāishǐ zhíjiéliǎodàng de gàosu méntú, tā bìxū wǎng Yēlùsālěng qù, zài zhǎnglǎo、jìsīzhǎng hé wénshì shǒuzhōng shòu xǔduō kǔnàn, bìng yào bèi shā, dì sān tiān yào cóng sǐrénzhōng fùhuó。

彼得就拉着耶稣, 说: "主阿! 千万不可! 这事绝不能发生在你身上!"

Bǐdé jiù lā zhe Yēsū, shuō: "Zhǔ a! Qiānwàn bù kě! Zhè shì jué bù néng fāshēngzài nǐ shēnshang!"

于是耶稣对门徒说: "你们当中谁要跟从我, 就必须放弃自己, 背起自己的十字架, 来跟从我。"

Yúshì Yēsū duì méntú shuō: "Nǐmen dāngzhōng shéi yào gēncóng wǒ, jiù bìxū fàngqì zìjǐ, bèiqǐ zìjǐ de shízìjià, lái gēncóng wǒ."

"如果你牢牢地抓紧自己的生命，就会失去它；但如果你为了我的缘故而舍弃生命，就会保住它。"

"Rúguǒ nǐ láoláo de zhuājǐn zìjǐ de shēngmìng, jiù huì shīqù tā; dàn rúguǒ nǐ wèile wǒ de yuángù ér shěqì shēngmìng, jiù huì bǎozhù tā."

"你如果赚得全世界，却赔上自己的生命，又有什么益处呢？有什么比自己的生命更宝贵呢？"

"Nǐ rúguǒ zhuàn de quán shìjiè, què péishàng zìjǐ de shēngmìng, yòu yǒu shénme yìchù ne? Yǒu shénme bǐ zìjǐ de shēngmìng gèng bǎoguì ne？"

"人子要在他父的荣耀里，与他的众天使一同降临。那时候，他要按各人的行为施行审判。"

"Rénzǐ yào zài tā fù de róngyàolǐ, yǔ tā de zhòng tiānshǐ yìtóng jiànglín. Nà shíhou, tā yào àn gèrén de xíngwéi shīxíng shěnpàn."

"我实在告诉你们，站在这里的人，有的会在未死之前，看见人子在他的国度里降临。"

"Wǒ shízài gàosu nǐmen, zhànzài zhèlǐ de rén, yǒu de huì zài wèi sǐ zhīqián, kànjiàn rénzǐ zài tā de guódùlǐ jiànglín."

过了六天，<u>耶稣</u>带着<u>彼得</u>、<u>雅各</u>[61]和雅各的兄弟<u>约翰</u>[62]登上了高山。

Guò le liù tiān, Yēsū dài zhe Bǐdé、Yǎgè hé Yǎgè de xiōngdì Yuēhàn dēngshàng le gāoshān。

<u>摩西</u>和<u>以利亚</u>突然显现，跟<u>耶稣</u>说话。

Móxī hé Yǐlìyà tūrán xiǎnxiàn, gēn Yēsū shuōhuà。

<u>彼得</u>对<u>耶稣</u>说："主阿！我们在这里真好。如果你愿意，我就在这里搭三座棚，一座给你，一座给<u>摩西</u>，一座给<u>以利亚</u>。"

Bǐdé duì Yēsū shuō: "Zhǔ a! Wǒmen zài zhèlǐ zhēn hǎo. Rúguǒ nǐ yuànyì, wǒ jiù zài zhèlǐ

---

61) 雅各(야고보): 세베대의 첫째 아들로 동생 요한과 함께 갈릴리 호숫가에서 어부로 활동하다 예수의 부름을 받고 본업을 버리고 사도로 활동함. 성령 강림 이후 사마리아와 유대 지역에서 복음을 전파함.

62) 约翰(요한): 야고보와 형제지간으로 12사도 중 가장 나이가 어리며, 베드로와 함께 예수를 가장 가까이에서 섬긴 사도임. 세례자 요한과는 다른 인물임.

dā sān zuò péng, yí zuò gěi nǐ, yí zuò gěi Móxī, yí zuò gěi Yǐlìyà。"

他的话还没说完，就有一片明亮的云彩遮盖他们，有一个声音从云里传来，说："这是我亲爱的儿子，他让我满心欢喜。你们要听从他。"

Tā de huà hái méi shuōwán, jiù yǒu yí piàn míngliàng de yúncǎi zhēgài tāmen, yǒu yí ge shēngyīn cóng yúnlǐ chuánlái, shuō: "Zhè shì wǒ qīn'ài de érzi, tā ràng wǒ mǎnxīn huānxǐ. Nǐmen yào tīngcóng tā。"

门徒听见，就害怕得俯伏在地上。

Méntú tīngjiàn, jiù hàipà de fǔfúzài dìshang。

耶稣走过来，摸他们，说："起来吧，不要害怕。"

Yēsū zǒuguòlái, mō tāmen, shuō: "Qǐlái ba, bú yào hàipà。"

他们抬头一看，只看见耶稣一个人。

Tāmen táitóu yí kàn, zhǐ kànjiàn Yēsū yí ge rén。

下山的时候，耶稣吩咐他们说："在人子从死人中复活以前，你们不要把看见的事告诉任何人。

Xià shān de shíhou, Yēsū fēnfù tāmen shuō: "Zài rénzǐ cóng sǐrénzhōng fùhuó yǐqián, nǐmen bú yào bǎ kànjiàn de shì gàosu rènhé rén。

"我又告诉你们，如果你们当中有两个人在地上，同心祈求，我在天上的父，必会为你们成全。因为无论在哪里，有两三个人奉我的名聚会，我就会在他们中间。"

"Wǒ yòu gàosu nǐmen, rúguǒ nǐmen dāngzhōng yǒu liǎng ge rén zài dìshang, tóngxīn qíqiú, wǒ zài tiānshàng de fù, bì huì wèi nǐmen chéngquán。Yīnwèi wúlùn zài nǎli, yǒu liǎng sān ge rén fèng wǒ de míng jùhuì, wǒ jiù huì zài tāmen zhōngjiān。"

那时，彼得来问耶稣："主阿！我弟兄得罪了我，我该原谅他几次呢？[63] 到七次可以吗？"

Nà shí, Bǐdé lái wèn Yēsū: "Zhǔ a! Wǒ dìxiōng dézuì le wǒ, wǒ gāi yuánliàng tā jǐ cì ne? Dào qī cì kěyǐ ma？"

---

63) 我该原谅他几次呢？(내가 그를 몇 번이나 용서해야 합니까?): 동량보어와 대명사목적어가 함께 있을 때 어순은 "주어+동사(了/过)＋대명사목적어+동량보어"이다. (예: 我来过这儿一次。나는 여기에 한 번 온 적이 있다.)

耶稣回答: "我对你说, 不是七次, 是七十个七次。"

Yēsū huídá: "Wǒ duì nǐ shuō, bú shì qī cì, shì qī shí ge qī cì。"

　　逾越节[64]之前, 耶稣知道自己是从上帝那里来, 要回到上帝那里去, 就站起来脱了衣服, 拿一条毛巾束在腰间。

　　Yúyuèjié zhīqián, Yēsū zhīdao zìjǐ shì cóng shàngdì nàli lái, yào huídào shàngdì nàli qù, jiù zhànqǐlái tuō le yīfu, ná yì tiáo máojīn shùzài yāojiān。

然后把水倒在盆里, 开始为门徒洗脚, 并用毛巾擦干。

Ránhòu bǎ shuǐ dàozài pénlǐ, kāishǐ wèi méntú xǐjiǎo, bìng yòng máojīn cāgān。

轮到西门·彼得的时候, 他说: "主阿! 你要给我洗脚吗？"

Lúndào Xīmén·Bǐdé de shíhou, tā shuō: "Zhǔ a! Nǐ yào gěi wǒ xǐjiǎo ma？"

耶稣回答说: "我所作的, 你现在不理解, 但总有一天会明白的。"

Yēsū huídá shuō: "Wǒ suǒ zuò de, nǐ xiànzài bù lǐjiě, dàn zǒng yǒu yì tiān huì míngbai de。"

彼得说: "不。你绝不能给我洗脚。"

Bǐdé shuō; "Bù。Nǐ jué bù néng gěi wǒ xǐjiǎo。"

耶稣就说: "如果我不给你洗脚, 你就不属于我了。"

Yēsū jiù shuō: "Rúguǒ wǒ bù gěi nǐ xǐjiǎo, nǐ jiù bù shǔyú wǒ le。"

西门·彼得说: "主阿! 那就不只洗我的脚, 连手和头都洗了吧。"

Xīmén·Bǐdé shuō: "Zhǔ a! Nà jiù bùzhǐ xǐ wǒ de jiǎo, lián shǒu hé tóu dōu xǐ le ba。"

耶稣说: "洗过澡的人, 只要洗一洗脚, 全身就干净了。你们是干净的, 而不是每个人都干净。"

Yēsū shuō: "Xǐ guò zǎo de rén, zhǐ yào xǐ yi xǐ jiǎo, quánshēn jiù gānjìng le。Nǐmen shì gānjìng de, ér bú shì měi ge rén dōu gānjing。"

耶稣原来知道谁出卖他, 所以说'不是每个人都干净'。

Yēsū yuánlái zhīdao shéi chūmài tā, suǒyǐ shuō 'bú shì měi ge rén dōu gānjìng'。

---

64) 逾越节(유월절): 유대인들이 이집트의 노예생활에서 벗어난 사건을 기념하는 날로 봄에 지내는 유대교의 대표적 절기이다. 이집트에 내려진 10대 재앙 중 마지막 재앙인 '장자들의 죽음'으로부터 무사히 넘어간 것에서 유래하며, '넘어가다, 지나가다, 건너가다'라는 뜻으로 하나님으로부터 재앙에서 구원받았다는 의미를 담고 있다. 출애굽기 12장에 관련 내용이 잘 나타나 있다.

西门·彼得问耶稣: "主啊! 你要到哪里去?"

Xīmén·Bǐdé wèn Yēsū: "Zhǔ a! Nǐ yào dào nǎli qù?"

耶稣回答: "我要去的地方, 你现在不能跟着去。但以后你会跟我去的。"

Yēsū huídá: "Wǒ yào qù de dìfang, nǐ xiànzài bù néng gēnzhe qù。Dàn yǐhòu nǐ huì gēn wǒ qù de。"

彼得说: "主阿! 我为什么现在不能去呢? 我愿意随时为你而死。"

Bǐdé shuō: "Zhǔ a! Wǒ wèishénme xiànzài bù néng qù ne? Wǒ yuànyì suíshí wèi nǐ ér sǐ。"

耶稣说: "你愿意为我死吗? 我实在告诉你, 就在清晨鸡叫之前, 你会三次说'你根本不认识我'。"

Yēsū shuō: "Nǐ yuànyì wèi wǒ sǐ ma? Wǒ shízài gàosu nǐ, jiù zài qīngchén jī jiào zhīqián, nǐ huì sān cì shuō 'nǐ gēnběn bú rènshi wǒ'。"

耶稣说了这话, 就同门徒出去, 过了汲沦溪。

Yēsū shuō le zhè huà, jiù tóng méntú chūqù, guò le Jīlúnxī。

在那里有一个园子, 他和门徒进去了。

Zài nàli yǒu yí ge yuánzi, tā hé méntú jìnqù le。

卖耶稣的犹大也知道那地方, 因为耶稣和门徒常去那里聚集。

Mài Yēsū de Yóudà yě zhīdao nà dìfang, yīnwèi Yēsū hé méntú cháng qù nàli jùjí。

犹大带着一队士兵和差役, 拿着灯笼、火把和兵器, 就来到园里。

Yóudà dài zhe yí duì shìbīng hé chāiyì, ná zhe dēnglóng、huǒbǎ hé bīngqì, jiù láidào yuánlǐ。

于是, 那队士兵、千夫长和犹太人的差役, 就逮捕了耶稣, 把他绑了起来, 带到大祭司的宅里。

Yúshì, nà duì shìbīng、qiānfūzhǎng hé Yóutàirén de chāiyì, jiù dàibǔ le Yēsū, bǎ tā bǎng le qǐlái, dàidào dàjìsī de zháilǐ。

彼得跟另一个门徒在耶稣后面跟着, 另一个门徒随着耶稣进了大祭司的院子, 彼得却站在门外。

Bǐdé gēn lìng yí ge méntú zài Yēsū hòumiàn gēnzhe, lìng yí ge méntú suízhe Yēsū jìn le dàjìsī de yuànzi, Bǐdé què zhànzài ménwài。

那个门徒认识大祭司，他跟看门的女仆说了一下，她就让彼得进去了。

Nà ge méntú rènshi dàjìsī, tā gēn kānmén de nǚpú shuō le yíxià, tā jiù ràng Bǐdé jìnqù le.

那个女仆问彼得："你不就是那个人的门徒吗?。"

Nà ge nǚpú wèn Bǐdé: "Nǐ bú jiù shì nà ge rén de méntú ma?"

彼得说："不，我不是。"

Bǐdé shuō: "Bù, wǒ bú shì。"

当时天冷，有一些仆人和差役烤火取暖，彼得也跟着他们站在一起取暖。

Dāngshí tiān lěng, yǒu yì xiē púrén hé chāiyì kǎohuǒ qǔnuǎn, Bǐdé yě gēnzhe tāmen zhànzài yìqǐ qǔnuǎn.

这时，又有人问他说："你不也是那个人的门徒吗?"

Zhè shí, yòu yǒu rén wèn tā shuō: "Nǐ bù yě shì nà ge rén de méntú ma?"

彼得否认说："不，我不是。"。

Bǐdé fǒurèn shuō: "Bù, wǒ bú shì。"

不久，一些站在旁边的人对彼得说："你一定是跟他们一党的，因为你是加利利人。"

Bùjiǔ, yì xiē zhànzài pángbiān de rén duì Bǐdé shuō: "Nǐ yídìng shì gēn tāmen yì dǎng de, yīnwèi nǐ shì jiālìlìrén。"

彼得发誓说："我若撒谎就被诅咒。我不认识你们说的那个人。"

Bǐdé fāshì shuō: "Wǒ ruò sāhuǎng jiù bèi zǔzhòu。 Wǒ bú rènshi nǐmen shuō de nà ge rén。"

正在这时，鸡就叫了。

Zhèngzài zhè shí, jī jiù jiào le。

彼得突然想起耶稣对他所说的话—"鸡叫以前，你会三次说不认识我。"

Bǐdé tūrán xiǎngqǐ Yēsū duì tā suǒ shuō de huà—"Jī jiào yǐqián, nǐ huì sān cì shuō bú rènshi wǒ。"

他就出去，忍不住痛哭起来。

Tā jiù chūqù, rěnbuzhù tòngkūqǐlái。

　　耶稣被钉死在十字架上后，星期日清晨，彼得和那个门徒就往坟墓跑去。

Yēsū bèi dìngsǐzài shízìjiàshàng hòu, xīngqīrì qīngchén, Bǐdé hé nà ge méntú jiù wǎng fénmù pǎoqù。

西门·彼得走进坟墓，就看见了细麻布还放在那里，又看见耶稣的裹头巾卷着搁在一边。

Xīmén·Bǐdé zǒujìn fénmù, jiù kànjiàn le xìmábù hái fàngzài nàli, yòu kànjiàn Yēsū de guǒtóujīn juǎn zhe gēzài yìbiān。

他们还不明白圣经的意思，就是耶稣必须从死人中复活。

Tāmen hái bù míngbai shèngjīng de yìsi, jiù shì Yēsū bìxū cóng sǐrén zhōng fùhuó。

于是，他们就回家去了。

Yúshì, tāmen jiù huíjiā qù le。

马利亚站在坟墓外哭泣，她就转过身来，看见耶稣站在那里，可是她没有认出来。

Mǎlìyà zhànzài fénmùwài kūqì, tā jiù zhuǎnguò shēn lái, kànjiàn Yēsū zhànzài nàli, kěshì tā méi yǒu rènchūlái。

耶稣叫她：“马利亚！”

Yēsū jiào tā: "Mǎlìyà!"

他说：“不要拉着我，因为我还没有上去见父。你去找我的弟兄，告诉他们：‘我要上去见我的父，也就是你们的父；去见我的上帝，也就是你们的上帝。’”

Tā shuō: "Bú yào lā zhe wǒ, yīnwèi wǒ hái méi yǒu shàngqù jiàn fù。Nǐ qù zhǎo wǒ de dìxiōng, gàosu tāmen: 'wǒ yào shàngqù jiàn wǒ de fù, yě jiù shì nǐmen de fù; qù jiàn wǒ de shàngdì, yě jiù shì nǐmen de shàngdì.'"

马利亚就去告诉门徒说：“我看见主了。”

Mǎlìyà jiù qù gàosu méntú shuō: "Wǒ kànjiàn Zhǔ le。"

那个星期日晚上，门徒聚集在一起，耶稣来站在他们当中，说：“愿你们平安。”

Nà ge xīngqīrì wǎnshang, méntú jùjízài yìqǐ, Yēsū lái zhànzài tāmen dāngzhōng, shuō: "Yuàn nǐmen píng'ān。"

后来，耶稣在加利利海边⁶⁵⁾再次向门徒显现。

Hòulái, Yēsū zài Jiālìlì hǎibiān zàicì xiàng méntú xiǎnxiàn。

耶稣对西门·彼得说："约翰的儿子西门！你爱我比这些更深吗？"

Yēsū duì Xīmén·Bǐdé shuō: "Yuēhàn de érzi Xīmén! Nǐ ài wǒ bǐ zhè xiē gèng shēn ma?"

彼得说："主阿！是的。你知道我爱你。"

Bǐdé shuō: "Zhǔ a! Shì de。Nǐ zhīdao wǒ ài nǐ。"

耶稣对他说："你喂养我的小羊。"

Yēsū duì tā shuō: "Nǐ wèiyǎng wǒ de xiǎoyáng。"

耶稣再次问他："约翰的儿子西门！你爱我吗？"

Yēsū zàicì wèn tā: "Yuēhàn de érzi Xīmén! Nǐ ài wǒ ma？"

彼得说："主阿！是的。你知道我爱你。"

Bǐdé shuō: "Zhǔ a! Shì de。Nǐ zhīdao wǒ ài nǐ。"

耶稣说："你牧养我的羊。"

Yēsū shuō: "Nǐ mùyǎng wǒ de yáng。"

耶稣第三次问他："约翰的儿子西门！你爱我吗？"

Yēsū dì sān cì wèn tā: "Yuēhàn de érzi Xīmén! Nǐ ài wǒ ma？"

因为耶稣一连三次这样问，彼得就难过起来，说："主阿！你无所不知，你知道我是爱你的。"

Yīnwèi Yēsū yīlián sān cì zhèyàng wèn, Bǐdé jiù nánguòqǐlái, shuō: "Zhǔ a! Nǐ wú suǒ bù zhī, nǐ zhīdao wǒ shì ài nǐ de。"

耶稣说："你喂养我的羊。"

Yēsū shuō: "Nǐ wèiyǎng wǒ de yáng。"

"我实实在在地告诉你，你还年轻的时候，喜欢做什么就做什么；想到哪里就到哪里。但到你年老的时候，由别人为你套上衣服，带你到不想去的地

---

65) 加利利海边: 디베랴(提比哩亚) 호수라고도 하는데, 이는 그리스어로 갈릴리 호수의 다른 명칭이다.

方。"

"Wǒ shíshízàizài de gàosù nǐ, nǐ hái niánqīng de shíhou, xǐhuan zuò shénme jiù zuò shénme; xiǎngdào nǎli jiù dào nǎli。Dàn dào nǐ niánlǎo de shíhòu, yóu biérén wèi nǐ tàoshàng yīfu, dài nǐ dào bù xiǎng qù de dìfang。"

耶稣这些话是要让彼得知道，他将来要以怎样的死来荣耀神。

Yēsū zhè xiē huà shì yào ràng Bǐdé zhīdao, tā jiānglái yào yǐ zěnyàng de sǐ lái róngyào shén。

生词

挤满	jǐmǎn	동	가득 차다, 꽉 차다
打鱼	dǎyú	동	(그물로) 물고기를 잡다
劳碌	láolù	동	(일이 많아) 고생하다, 바쁘게 일하다, 악착같이 일하다
捕	bǔ	동	붙잡다, 체포하다
撑	chēng	동	(떠)받치다, 버티다, 괴다
同伴	tóngbàn	명	동료, 짝, 동행자
沉	chén	동	(물속에) 가라앉다, 잠기다, 빠지다
上岸	shàng'àn	동	(배로부터) 기슭에 오르다, 육지[뭍]에 오르다
撇下	piēxià	동	버리다, 방치하다, 내팽개치다
跟从	gēncóng	동	따르다
启示	qǐshì	명 / 동	계시(하다)
磐石	pánshí	명	반석
钥匙	yàoshi	명	열쇠
捆绑	kǔnbǎng	동	묶다, 줄로 묶다
准许	zhǔnxǔ	명 / 동	허락(하다), 허가(하다)
直截了当	zhíjiéliǎodàng	성	단도직입적이다, 시원시원하다, 단순 명쾌하다
祭司长	jìsīzhǎng	명	제사장
文士	wénshì	명	서기관, 문사, 문인
苦难	kǔnàn	명	고난, 고초
复活	fùhuó	명 / 동	부활(하다)
千万	qiānwàn	부	부디, 제발, 절대로
牢牢	láoláo	부	뚜렷이, 확실히, 견고히
舍弃	shěqì	동	버리다, 포기하다, 빼버리다
益处	yìchù	명	이익, 좋은 점
审判	shěnpàn	명 / 동	심판(하다), 심리(하다), 재판(하다)
国度	guódù	명	국가, 나라
降临	jiànglín	동	강림하다, 내려오다, 찾아오다

搭	dā	동	(막 따위를) 치다, 세우다, 만들다.
棚	péng	명	(천)막
遮盖	zhēgài	동	덮다, 가리다, 숨기다
祈求	qíqiú	동	간구하다, 간청하다
成全	chéngquán	동	도와서 일을 이루게 해 주다
原谅	yuánliàng	동	양해하다, 용서하다
毛巾	máojīn	명	수건
束	shù	동	묶다, 동이다, 매다
盆	pén	명	대야, 화분
擦干	cāgān	동	닦다, 닦아서 물기를 없애다
轮	lún	동	(순서에 따라) 교대로 하다, 차례가 되다
属于	shǔyú	동	~에 속하다, ~에 소속되다
出卖	chūmài	동	팔다, 팔아먹다, 배반하다
随时	suíshí	부	수시로, 언제나, 아무 때나
清晨	qīngchén	명	새벽녘, 동틀 무렵, 이른 아침
差役	chāiyì	명	하급 관리, 관청의 심부름꾼
灯笼	dēnglóng	명	등롱, 초롱
火把	huǒbǎ	명	횃불
兵器	bīngqì	명	병기, 무기
烤火	kǎohuǒ	명	불을 쬐다
取暖	qǔnuǎn	동	따뜻하게 하다, 몸을 녹이다
撒谎	sāhuǎng	동	거짓말하다, 허튼소리를 하다
忍不住	rěnbuzhù	동	참지 못하다, 참을 수 없다
细麻布	xìmábù	명	세마포
裹头巾	guǒtóujīn	명	머리를 감싼 수건
卷	juǎn	동	(원통형으로) 말다
搁	gē	동	놓다, 두다, 내버려두다
哭泣	kūqì	동	흐느끼다, 훌쩍훌쩍 울다
转身	zhuǎnshēn	동	돌아서다, 몸을 돌리다
喂养	wèiyǎng	동	기르다, 양육하다

| 牧养 | mùyǎng | 동 | 방목하여 기르다 |
| 难过 | nánguò | 형 | 괴롭다, 슬프다, 고생스럽다 |

고유명사

西门·彼得	Xīmén·Bǐdé	인명	시몬·베드로(예수 그리스도의 열두 제자 가운데 하나로 첫 번째로 예수의 부름을 받은 제자)
雅各	Yǎgè	인명	야고보(예수 그리스도의 열두 제자 가운데 하나로 세배대의 첫째 아들이자 사도 요한의 형)
约翰	Yuēhàn	인명	요한(예수 그리스도의 열두 제자 가운데 하나로 야고보의 동생)
以利亚	Yǐlìyà	인명	엘리야(구약성서에 등장하는 북이스라엘의 선지자로, '여호와는 하나님이시다'의 의미임)
耶利米	Yēlìmǐ	인명	예레미아(선지자로 '눈물의 예언자'로 불림)
汲沦溪	Jīlúnxī	지명	기드론(예루살렘과 감람산 사이에 있는 시냇가)
逾越节	Yúyuèjié	절기	유월절(유대교 절기의 하나)
犹大	Yóudà	인명	유다(예수 그리스도의 열두 제자 가운데 하나로 후에 예수를 배반함)

어휘풀이

1 捆绑 [동] 묶다, 줄로 묶다

你在地上所**捆绑**的，在天上也要**捆绑**。
Nǐ zài dìshang suǒ kǔnbǎng de, zài tiānshàng yě yào kǔnbǎng.
네가 땅에서 무엇이든지 매이면 하늘에서도 매일 것이다.

❖ 어휘설명

'捆绑'은 줄로 사람이나 사물을 단단히 동여매거나 묶는 행위를 말한다. 술어, 목적어, 관형어로 사용되고, 술어로 사용될 때 보어와 결합할 수 있다.

❖ 예문

➢ 主赐给我自由，使我不受惧怕捆绑。

➢ 他把紧紧捆绑的绳子解开了。

➢ 是什么捆绑住了你的人生?

물건이나 상품 등을 한데 모아놓거나 묶어놓다의 의미도 지닌다.

➢ 兰州是被拉面捆绑的美食城市。

➢ 对那些购买捆绑组合产品的客户赠送礼品。

2 直截了当 [성] 단도직입적이다, 시원시원하다, 단순명쾌하다

耶稣开始**直截了当**地告诉门徒。
Yēsū kāishǐ zhíjiéliǎodàng de gàosu méntú.
예수께서 단도직입적으로 제자들에게 말씀하시기 시작하셨다.

❖ 어휘설명

'直截了当'은 요점이나 문제의 핵심을 에두르지 않고 곧바로 말하는 것을 의미한다. 술어와 부사어로 사용된다.

❖ 예문

➤ 他在表达自己的意见时总是直截了当，从不拐弯抹角[66]。

➤ 在学术研讨会上，小王直截了当地提出了问题。

➤ 请你直截了当地回答我的问题。

3 原谅 〔동〕 양해하다, 용서하다, 용인하다

> 我该原谅他几次呢？
>
> Wǒ gāi yuánliàng tā jǐ cì ne?
>
> 제가 그를 몇 번이나 용서해야 합니까?

❖ 어휘설명

'原谅'은 상대방의 실수나 잘못, 부주의에 대해 나무라거나 혼내지 않고 이해하고 받아들이는 것을 의미한다. 술어와 목적어로 사용되고, 술어로 사용될 때 명사, 대명사, 구를 목적어로 취한다. 또한 '了', '过'와 같이 사용할 수 있으며 보어를 취할 수 있다.

❖ 예문

➤ 他不是有意要伤害我，我原谅了他。

➤ 小王终于得到了女朋友的原谅。

➤ 这种违法行为原谅不得。

4 出卖 〔동〕 팔다, 팔아먹다, 배반하다

> 耶稣原来知道谁出卖他。所以说'不是每个人都干净'。
>
> Yēsū yuánlái zhīdao shéi chūmài tā. Suǒyǐ shuō 'bú shì měi ge rén dōu gānjìng'.
>
> 예수께서 자기를 팔 사람이 누구인지 아심이라. 그러므로 '모든 이가 깨끗한 것은 아니다' 라고 하신 것이다.

---

66) 拐弯抹角(guǎiwānmòjiǎo): (말이나 문장을) 빙빙 돌려서 하다.

❖ 어휘설명

'出卖'는 개인적 이익을 위하여 친구나 국가 등을 팔아먹거나 배반하는 행위를 말한다. 명사와 대명사를 목적어로 취하고, '了', '过'와 같이 사용할 수 있다. 보어와 결합할 수 있으며, 중첩하여 사용할 수 없다.

❖ 예문

➢ 这是个出卖灵魂的叛徒。

➢ 为了金钱，他连自己的组织都出卖了。

➢ 他是一个普通职员，出卖不了多少情报。

또한 물건을 판매할 때도 사용한다. 단 이 경우 물건가격을 목적어로 취할 수 없다.[67]

➢ 没有营业执照不能出卖商品。

5 撒谎　[통]　거짓말하다, 허튼소리를 하다

> 我若撒谎就被诅咒。
> Wǒ ruò sāhuǎng jiù bèi zǔzhòu.
> 내가 만일 거짓말을 하면 저주를 받을 것이오.

❖ 어휘설명

'撒谎'은 일부러 사실이 아닌 것을 사실처럼 꾸며서 말하는 것을 의미한다. 주어, 술어, 목적어, 관형어, 부사어로 사용되고, '了', '过'와 같이 사용할 수 있다. 이합사로 주로 회화체에서 사용한다.

❖ 예문

➢ 父母绝对不许孩子撒谎。

➢ 大家都不理那个撒谎的男人。

➢ 那个孩子不想去上学，撒谎说肚子疼。

➢ 这个女人撒了一辈子的谎。

---

67) 예: 电脑用了一年，出卖了两千块。(×) → 电脑用了一年，卖了两千块。(○)

말씀 묵상하기

你们当中谁要跟从我，就必须放弃自己，背起自己的十字架，来跟从我。

(太 16:24)

Nǐmen dāngzhōng shéi yào gēncóng wǒ, jiù bìxū fàngqì zìjǐ, bèiqǐ zìjǐ de shízijià, lái gēncóng wǒ.

因为无论在哪里，有两三个人奉我的名聚会，我就会在他们中间。

(太 18:20)

Yīnwèi wúlùn zài nǎli, yǒu liǎng sān ge rén fèng wǒ de míng jùhuì, wǒ jiù huì zài tāmen zhōngjiān.

교회의 반석이 된 사도 베드로

성경말씀: 누가복음 5장, 22장 / 요한복음 1장, 20장, 21장 /
마태복음 16장~18장 / 마가복음 14장

하루는 예수께서 호숫가에 서계시니 사람들이 하나님의 말씀을 들으려고 주위에 잔뜩 모여들었다. 예수께서 호숫가에 배 두 척이 있는 것을 보시고, 한 배에 오르시니 그 배는 시몬의 배였다. 예수께서 배 위에서 무리를 가르치시고 말씀을 마친 후 시몬에게 말하였다. "지금 물이 깊은 곳으로 가서 그물을 내려 고기를 잡아라." 시몬이 대답하였다. "선생님! 우리가 밤새도록 수고하였으나 아무것도 잡지 못했습니다. 선생님 말씀대로 제가 다시 그물을 내리겠습니다." 그리고 그들이 그물을 내리자 물고기들이 가득 차서 그물이 찢어질 지경이었다. 그들이 다른 배에 있는 동료들에게 도와 달라고 소리치자 그들이 와서 두 척의 배에 물고기를 가득 채우니, 배가 거의 가라앉을 뻔하였다. 시몬 베드로가 이를 보고 예수 앞에 엎드려 말하였다. "주여! 나를 떠나소서. 나는 죄인이로소이다" 시몬과 배 위에 있는 사람들은 많이 잡힌 고기에 놀라고 마찬가지로 야고보와 요한 또한 놀랐다. 예수께서 시몬에게 말씀하시기를 "무서워 말라. 이후로는 네가 물고기를 잡는 거 같이 이후로는 사람을 취하리라" 하셨다. 그들이 배들을 육지에 대고, 모든 것을 버려두고 예수를 쫓아갔다.

예수께서 제자들에게 물으셨다. "사람들이 인자를 누구라 하느냐?" 제자들이 대답하였다. "어떤 이는 세례 요한, 어떤 이는 엘리야, 또 어떤 이는 예레미야나 선지자 중의 한 사람이라고 말합니다." 예수께서 다시 물으셨다. "너희는 나를 누구라 하느냐?" 시몬 베드로가 대답하였다. "주는 그리스도요, 살아계신 하나님의 아들이십니다." 예수께서 그에게 말씀하셨다. "네가 복이 있도다. 이는 다른 이가 너에게 알려준 것이 아니고 하늘에 계신 내 아버지께서 너에게 알려주신 것이다. 또 내가 네게 이르노니 너는 베드로(반석의 의미)라. 내가 이 반석 위에 내 교회를 세우리니 음부의 권세가 이기지 못하리라. 내가 천국 열쇠를 네게 주리니 네가 땅에서 무엇이든지 매이면 하늘에서도 매일 것이요, 네가 땅에서 무엇이든지 풀면 하늘에서도 풀리리라." 이어서 제자들에게 당부하사 '자기가 그리스도인 것을 아무에게도 말하지 말라' 하셨다.

이때부터 예수 그리스도께서 자기가 예루살렘에 올라가 장로들과 대제사장들과 서기관들에게 많은 고난을 받고 또한 죽임을 당하고 제 삼일 째 되는 날에 죽은 자 가운데에서 부활하실 것을 제자들에게 직접 말씀하시기 시작하셨다. 베드로가 예수를 붙들고 설득하며 말하였다. "주여! 절대 그렇지 않습니다. 이 일이 결코 주에게 일어나지 않을 것입니다." 이에 예수께서 제자들에게 말씀하셨다. "누구든지 나를 따라오려거든 자기를 부인하고 자기 십자가를 지고 나를 따를 것이니라. 누구든지 자기 목숨을 구원하고자 하면 잃을 것이요, 누구든지 나를 위하여 자기 목숨을 잃으면 찾으리라. 사람이 만일 온 천하를 얻고도 제 목숨을 잃으면 무슨 유익이 있겠는가? 자기의 생명보다 더 소중한 것이 있겠는가? 인자가 아버지의 영광으로 그 천사들과 함께 오리니 그때에 각 사람의 행한 대로 갚으리라. 진실로 너희에게 이르노니 여기 서있는 사람 중에 죽기 전에 인자가 그 왕권을 가지고 오는 것을 볼 자들도 있느니라."

엿새 후에 예수께서 베드로와 야고보와 그의 형제 요한을 데리고 높은 산에 올라가셨다. 갑자기 모세와 엘리야가 예수와 더불어 말씀하는 것이 그들에게 보였다. 베드로가 예수께 말하였다. "주여! 우리가 여기 있는 것이 좋사오니 주께서 만일 원하시면 내가 여기서 초막 셋을 짓되 하나는 주를 위하여, 하나는 모세를 위하여, 하나는 엘리야를 위하여 지으리다." 베드로가 말할 때 홀연히 빛나는 구름이 그들을 덮으며 구름 속에서 소리가 들려왔다. "이는 내 사랑하는 아들이요, 내 기뻐하는 자니 너희는 그의 말을 들어라." 제자들이 듣고 두려워서 땅에 엎드렸다. 예수께서 나아와 그들을 쓰다듬으며 말씀하셨다. "일어나라. 두려워 말라." 제자들이 눈을 들어 보니, 오직 예수 외에는 아무도 보이지 않았다. 산에서 내려올 때 예수께서 분부하며 말씀하셨다. "인자가 죽은 자 가운데서 살아나기 전에는 너희는 본 것을 아무에게도 말하지 말라." "진실로 다시 너희에게 이르노니, 너희 중에 두 사람이 땅에서 합심하여 무엇이든지 구하면 하늘에 계신 내 아버지께서 너희들을 위하여 이루시리라. 어디든지 두세 사람이 내 이름으로 모인 곳에는 나도 그들 가운데에 있느니라." 그때 베드로가 나아와 예수께 말하였다. "주여! 형제가 내게 죄를 지으면 몇 번이나 용서해야 합니까? 일곱 번까지 해야 합니까?" 예수께서 대답하셨다. "네게 이르노니 일곱 번뿐 아니라 일흔 번씩 일곱 번이라도 할지니라."

유월절 전에 예수께서는 자기가 하나님으로부터 왔다가 하나님께로 돌아갈 것을 아시고, (저녁 잡수시던) 자리에서 일어나 겉옷을 벗고 수건을 가져다가 허리에 두르고는 대야에 물을 담아 제자들의 발을 씻기고 수건으로 닦아주셨다. 시몬 베드로 차례가 되자 베드로가 물었다. "주여! 주께서 제 발을 씻겨 주시려는 겁니까?" 예수 께서 대답하셨다. "나의 하는 것을 네가 지금은 알지 못하나 이후에는 알리라." 베 드로가 말하기를 "아닙니다. 제 발은 절대로 씻기지 못하십니다." 하니, 예수께서 "내가 너를 씻기지 아니하면 너는 나와 아무 상관이 없게 되는 것이다." 하고 말씀 하셨다. 시몬 베드로가 말하였다. "주여! 제 발뿐 아니라 손과 머리도 씻겨 주옵소 서." 그러자 예수께서 말씀하셨다. "이미 목욕한 자는 발밖에 씻을 필요가 없느니라. 온몸이 깨끗하니라. 너희가 깨끗하나 모든 이가 깨끗한 것은 아니니라." 이는 예수 께서 자기를 팔 사람이 누구인지 아심이라. 그러므로 '모든 이가 깨끗한 것은 아니 다'라고 하신 것이다. 시몬 베드로가 물었다. "주여 어디로 가시나이까?" 예수께서 대답하셨다. "나의 가는 곳을 네가 지금은 따라올 수 없으나 후에는 따라오리라." 베드로가 말하였다. "주여! 제가 지금 어찌하여 따라갈 수 없습니까? 언제든지 주를 위하여 제 목숨을 버리겠나이다." 예수께서 말씀하셨다. "네가 나를 위하여 네 목숨 을 버리겠느냐? 내가 진실로 네게 이르노니 새벽녘 닭이 울기 전에 네가 나를 세 번 부인하리라."

예수께서 이 말씀을 하시고 제자들과 함께 기드론 시내 저편으로 나가셨다. 그곳 에 동산이 하나 있는데 예수께서 제자들과 함께 들어가셨다. 그곳은 예수께서 제자 들과 자주 모이는 곳으로 예수를 판 유다도 그곳을 알고 있었다. 유다가 군인과 아 랫사람들을 데리고 등과 횃불과 무기를 가지고 동산으로 왔다. 그리하여 군인과 천 부장과 유대인의 아랫사람들이 예수를 잡아 결박하여 대제사장의 집으로 끌고 들 어갔다. 베드로와 또 다른 제자 한 사람이 예수의 뒤를 따르고 있었는데, 그 다른 제자는 예수를 따라 대제사장의 집 뜰로 들어가고 베드로는 문밖에 서 있었다. 그 제자는 대제사장과 아는 사이여서 문 지키는 여종에게 말하여 베드로를 들어오게 하였다. 그 여종이 베드로에게 물었다. "당신은 저 사람의 제자가 아닙니까?" 베드 로가 말하였다. "아닙니다. 나는 아닙니다." 당시에 날이 추워 몇몇 종과 하인들이 불을 쬐고 있었는데, 베드로 또한 그들과 함께 서서 불을 쬐고 있었다. 이때, 또 어 떤 이가 베드로에게 물었다. "당신은 저 사람의 제자가 아닙니까?" 베드로가 부인하 며 말하였다. "아닙니다. 나는 아닙니다." 잠시 후에 곁에 서 있던 사람들이 베드로 에게 말하였다. "당신도 갈릴리 사람이니 분명히 저들과 한패일 것이오." 그러자 베 드로가 맹세하며 말하기를 "내가 만일 거짓말을 하면 저주를 받을 것이오. 나는 당신들이 말하는 저 사람을 알지 못하오." 하자, 바로 그때 닭이 울었다. 이에 베드로가 예수께서 자기에게 하신 말씀 곧 '새벽닭이 울기 전에 네가 나를 세 번 부인하리라' 하던 말이 생각나서 밖에 나가서 크게 통곡하였다.

예수께서 십자가에 못 박혀 돌아가신 후 안식 첫날 이른 아침에 베드로와 그 제자가 무덤으로 갔다. 시몬 베드로가 무덤에 들어가 보니 세마포가 놓여있고, 머리를 쌌던 수건은 한쪽에 개켜 있었다. 그들은 성경에 예수께서 죽은 자 가운데서 다시 살아나시리라 하신 말씀을 아직 알지 못하였으므로, 이에 두 제자는 자기 집으로 돌아갔다. 마리아는 무덤 밖에 서서 울고 있었는데 몸을 돌리자 예수가 그곳에 서 있는 것을 보았다. 하지만 그녀는 알아차리지 못했다. 예수께서 "마리아야!" 하고 그녀를 불렀다. 예수께서 말씀하셨다. "나를 붙들지 말라. 내가 아직 아버지께로 올라가지 아니하였노라. 너는 내 형제들에게 가서 '내가 나의 아버지 곧 너희 아버지, 내 하나님 곧 너희 하나님께로 올라간다.' 전하라." 이에 마리아가 가서 제자들에게 알려주며 말하였다. "내가 주를 보았다." 안식 후 첫날 저녁에 제자들이 모인 곳에 예수께서 오셔서 가운데 서서 말씀하시기를 "너희에게 평강이 있을지어다." 하셨다.

그 후에 예수께서 갈릴리 해변가에서 다시 제자들에게 나타나셨다. 예수께서 시몬 베드로에게 물었다. "요한의 아들 시몬아! 네가 이 사람들보다 나를 더 사랑하느냐?" 베드로가 대답하였다. "주여, 그렇습니다. 제가 주를 사랑하는 줄을 주께서 아시나이다." 예수께서 그에게 말씀하셨다. "내 어린 양떼를 먹여라." 예수께서 다시 물으셨다. "요한의 아들 시몬아! 네가 나를 사랑하느냐?" 베드로가 대답하였다. "주여! 그렇습니다. 제가 주를 사랑하는 줄을 주께서 아시나이다." 그러자 예수께서 그에게 말씀하셨다. "내 양떼를 쳐라." 예수께서 세 번째로 물으셨다. "요한의 아들 시몬아! 네가 나를 사랑하느냐?" 주께서 연달아 세 번이나 이처럼 물으시니 베드로가 근심이 가득한 채로 대답하였다. "주여! 주는 모든 것을 아시니, 제가 주를 사랑하는 줄을 주께서 아시나이다." 그러자 예수께서 그에게 말씀하셨다. "내 양떼를 먹여라." 이어 말씀하시기를 "내가 진실로 진실로 네게 이르노니 네가 젊어서는 하고 싶은 대로 하고 원하는 곳으로 다녔거니와 네가 늙어서는 다른 사람이 너를 위하여 옷을 입히고, 네가 원하지 않는 곳으로 너를 데려갈 것이다." 하셨다. 예수께서 이 말씀을 하신 것은 베드로가 장차 어떠한 죽음으로 하나님께 영광을 돌릴 것인가를 알려주신 것이다.

제14과

追求众人真理的知识分子－尼哥底母

Zhuīqiú zhòngrén zhēnlǐ de zhīshifènzǐ-Nígēdǐmǔ

 圣经话语: 约翰福音 3章, 7章, 19章

有一个<u>法利赛人</u>[68]，名叫<u>尼哥底母</u>，他是当时<u>犹太</u>的最高法院中的议员，也是宗教领袖。

Yǒu yí ge Fǎlìsàirén, míng jiào Nígēdǐmǔ, tā shì dāngshí Yóutài de zuìgāo fǎyuànzhōng de yìyuán, yě shì zōngjiào lǐngxiù.

一天晚上，他来找<u>耶稣</u>说:"拉比，我们都知道，上帝派你来教导我们。因为你所行的神迹证明了上帝与你同在。"

Yì tiān wǎnshang, tā lái zhǎo Yēsū shuō: "Lābǐ, wǒmen dōu zhīdao, shàngdì pài nǐ lái jiàodǎo wǒmen. Yīnwèi nǐ suǒ xíng de shénjì zhèngmíng le shàngdì yǔ nǐ tóngzài."

<u>耶稣</u>对他说:"我实实在在地告诉你，人若不重生，就能看见上帝的国。"

---

68) 法利赛人(바리새인): 유대교의 경건주의 종파인 바리새파에 속하는 사람을 일컫는다. 바리새파는 유대 독립 전쟁 이후 성전 없이 회당을 중심으로 유대교를 형성하여 유대교의 중요한 종파가 되었다. 바리새인은 成文化된 율법과 구전 율법을 절대적인 규범으로 삼고 일상생활의 모든 면에 율법을 엄격하게 적용하였다. 그러나 사소하고 세부적인 율법에 집착함으로써 편협한 율법주의 사고에 빠져 하나님께서 주신 율법의 본뜻을 많이 벗어나게 되었다.

Yēsū duì tā shuō: "Wǒ shíshízàizài de gàosu nǐ, rén ruò bù chóngshēng, jiù bù néng kànjiàn shàngdì de guó。"

尼哥底母说: "一个老人怎么能再生出来呢? 岂能再回到母腹生出来吗?"

Nígēdǐmǔ shuō: "Yí ge lǎorén zěnme néng zài shēngchūlái ne? Qǐ néng zài huídào mǔ fù shēngchūlái ma?"

耶稣回答: "我实实在在地告诉你, 人如果不是从水和圣灵生的, 就不能进入上帝的国。从肉身生的, 就是肉身; 从灵生的, 就是灵。我说: '你们一定要重生', 你不要惊讶。风随意吹动, 你听得见风的声音, 却不知道它从哪里来, 往哪里去。从圣灵生的, 也是如此。[69]"

Yēsū huídá: "Wǒ shíshízàizài de gàosu nǐ, rén rúguǒ bú shì cóng shuǐ hé shènglíng shēng de, jiù bù néng jìnrù shàngdì de guó。Cóng ròushēn shēng de, jiù shì ròushēn; cóng líng shēng de, jiù shì líng。Wǒ shuō: 'Nǐmen yídìng yào chóngshēng', nǐ bú yào jīngyà。Fēng suíyì chuīdòng, nǐ tīngdejiàn fēng de shēngyīn, què bù zhīdào tā cóng nǎli lái, wǎng nǎli qù。Cóng shènglíng shēng de, yě shì rúcǐ。"

尼哥底母回答说: "怎么可能有这事呢?"

Nígēdǐmǔ huídá shuō: "Zěnme kěnéng yǒu zhè shì ne?"

耶稣回答: "你是以色列人的先生, 还不明白这事吗? 我实实在在地告诉你, 我们说的是我们知道的和见过的。可是你们却不信我们的见证, 我说地上的事, 你们尚且不信, 若是说天上的事, 怎么能相信呢?"

Yēsū huídá: "Nǐ shì Yǐsèlièrén de xiānsheng, hái bù míngbai zhè shì ma? Wǒ shíshízàizài de gàosu nǐ, wǒmen shuō de shì wǒmen zhīdao de hé jiànguò de。Kěshì nǐmen què bú xìn wǒmen de jiànzhèng, wǒ shuō dìshang de shì, nǐmen shàngqiě bú xìn, ruòshì shuō tiānshàng de shì, zěnme néng xiāngxìn ne?"

"从天上下来的, 就除了人子以外, 没有人去了天上又下来的。摩西在旷野里怎样举蛇, 人子也必定照样被举起来, 叫一切相信他的人都能得到永生。"

Cóng tiānshàng xiàlái de, jiù chúle rénzǐ yǐwài, méi yǒu rén qù le tiāngshàng yòu xiàlái de。Móxī zài kuàngyělǐ zěnyàng jǔ shé, rénzǐ yě bìdìng zhàoyàng bèi jǔqǐlái, jiào yíqiè xiāngxìn

---

69) 从圣灵生的, 也是如此。: 바람의 향방을 알 수 없는 것처럼 사람이 어떻게 성령에서 태어났는지 설명할 수 없다는 뜻으로 풀이됨.

tā de rén dōu néng dédào yǒngshēng。"

"神爱世人，甚至将他的独生子赐给他们，叫一切相信他的人，不至灭亡，反得永生。神差遣他的儿子来到世上，不是要定世人的罪，而是要藉着他拯救世人。"

"Shén ài shìrén, shènzhì jiāng tā de dúshēngzǐ cìgeǐ tāmen, jiào yíqiè xiāngxìn tā de rén, bú zhì mièwáng, fǎn dé yǒngshēng。 Shén chāiqiǎn tā de érzi láidào shìshàng, bú shì yào dìng shìrén de zuì, érshì yào jiè zhe tā zhěngjiù shìrén。"

这事以后，耶稣和门徒到了犹太地，在那里住了一段时间，为人施洗。有不少众人都信了耶稣。

Zhè shì yǐhòu, Yēsū hé méntú dào le Yǒutàidì, zài nàli zhù le yíduàn shíjiān, wèi rén shīxǐ。 Yǒu bù shǎo zhòngrén dōu xìn le Yēsū。

祭司长和法利赛人一起派守卫去捉拿耶稣。

Jìsīzhǎng hé Fǎlìsàirén yìqǐ pài shǒuwèi qù zhuōná Yēsū。

其中有人要捉拿他，只是没人下手。

Qízhōng yǒu rén yào zhuōná tā, zhǐshì méi rén xiàshǒu。

守卫没抓到耶稣就回来，祭司长和法利赛人对他们说："你们为什么不把他抓来?[70]"

Shǒuwèi méi zhuādào Yēsū jiù huílái, jìsīzhǎng hé Fǎlìsàirén duì tāmen shuō: "Nǐmen wèishénme bù bǎ tā zhuālái?"

他们回答说："我们从来没听过有人像他这样说话的。"

Tāmen huídá shuō: "Wǒmen cónglái méi tīng guò yǒu rén xiàng tā zhèyàng shuōhuà de。"

法利赛人说："你们也被迷惑了吗? 我们犹太人的领袖和法利赛人当中，有谁信他呢? 这些不明白律法的百姓是被诅咒的。[71]"

Fǎlìsàirén shuō: "Nǐmen yě bèi míhuò le ma? Wǒmen Yǒutàirén de lǐngxiù hé Fǎlìsàirén dāngzhōng, yǒu shéi xìn tā ne? Zhè xiē bù míngbai lǜfǎ de bǎixìng shì bèi zǔzhòu de。"

---

70) 你们为什么不把他抓来?(너희들은 왜 그를 잡아 오지 않았느냐?): '把구문'의 부정은 부정사를 '把' 앞에 놓는다. (예: 不要把鸡蛋放在一个篮子里。 계란을 한 바구니에 담지 마라.)

71) 这些不明白律法的百姓是被诅咒的。: 율법을 모르는 우매한 민중만이 예수를 따르고 저주를 받았다고 말하고 있다.

这时，其中从前见过耶稣的尼哥底母，对他们说："不先听本人的申辩就给人定罪，这合法吗?"

Zhè shí, qízhōng cóngqián jiàn guò Yēsū de Nǐgēdǐmǔ, duì tāmen shuō: "Bù xiān tīng běnrén de shēnbiàn jiù gěi rén dìngzuì, zhè héfǎ ma?"

他们回答："你也是加利利人吗? 你去查一查圣经。从来没有一个先知是来自加利利的。"

Tāmen huídá: "Nǐ yě shì Jiālìlìrén ma? Nǐ qù chá yi chá shèngjīng. Cónglái méi yǒu yí ge xiānzhī shì láizì Jiālìlì de。"

于是各人都回家去了。

Yúshì gèrén dōu huíjiā qù le。

那时，耶稣行了许多神迹，人人都信他了。

Nà shí, Yēsū xíng le xǔduō shénjì, rénrén dōu xìn tā le。

祭司长和法利赛人吩咐说："无论谁看见耶稣，都要立即报告，去逮捕他。"

Jìsīzhǎng hé Fǎlìsàirén fēnfù shuō: "Wúlùn shéi kànjiàn Yēsū, dōu yào lìjí bàogào, qù dāibǔ tā。"

于是，那队士兵和犹太人的仆人就逮捕了耶稣，把他绑了起来，用荆棘编成冠冕，戴上耶稣头上，又给他披上一件紫色的袍子。

Yúshì, nà duì shìbīng hé Yóutàirén de púrén jiù dāibǔ le Yēsū, bǎ tā bǎng le qǐlái, yòng jīngjí biānchéng guānmiǎn, dàishàng Yēsū tóushàng, yòu gěi tā pīshàng yí jiàn zǐsè de páozi。

他们挨近耶稣，说："恭喜犹太人的王阿!"，就用手掌打他。

Tāmen āijìn Yēsū, shuō: "Gōngxǐ Yóutàirén de wáng a!", jiù yòng shǒuzhǎng dǎ tā。

士兵把耶稣钉在十字架上，耶稣知道现在他的使命已经完成了，说："成了。"

Shìbīng bǎ Yēsū dìngzài shízìjiàshàng, Yēsū zhīdao xiànzài tā de shǐmìng yǐjīng wánchéng le, shuō: "Chéng le。"

然后，垂下头，交出了他的灵魂。

Ránhòu, chuíxià tóu, jiāochū le tā de línghún。

事后，约瑟去求彼拉多准许他取下耶稣的遗体。

Shì hòu, Yuēsè qù qíu Bǐlāduō zhǔnxǔ tā qǔxià Yēsū de yítǐ.

因为约瑟惧怕犹太人，他一直暗地里作耶稣的门徒。

Yīnwèi Yuēsè jùpà Yǒutàirén, tā yìzhí àndìli zuò Yēsū de méntú.

彼拉多允准后，约瑟就取走了耶稣的遗体。

Bǐlāduō yǔnzhǔn hòu, Yuēsè jiù qǔzǒu le Yēsū de yítǐ.

曾夜访耶稣的尼哥底母也一起过来，带着用没药和沉香调好的，约有一百斤[72]。

Céng yè fǎng Yēsū de Nǐgēdǐmǔ yě yìqǐ guòlái, dài zhe yòng mòyào he chénxiāng tiáohǎo de, yuē yǒu yì bǎi jīn.

他们按照犹太人的殓葬习俗，为耶稣的遗体敷上香料，又有长麻布裹好。

Tāmen ànzhào Yǒutàirén de liànzàng xísú, wèi Yēsū de yítǐ fūshàng xiāngliào, yòu yǒu chángmábù guǒhǎo.

在耶稣被钉十字架的地方有一个园子，园子里面有座新坟墓，从来没有葬过人。

Zài Yēsū bèi dìng shízìjià de dìfang yǒu yí ge yuánzi, yuánzi lǐmiàn yǒu zuò xīn fénmù, cónglái méi yǒu zàng guò rén.

由于那天是犹太人逾越节的预备日，那坟墓又在附近，他们就把耶稣安放在那里。

Yóuyú Nà tiān shì Yǒutàirén Yúyuèjié de yùbèirì, nà fénmù yòu zài fùjìn, tāmen jiù bǎ Yēsū ānfàngzài nàli.

尼哥底母是个法利赛人，圣经里描写他是遵从耶稣旨意的人。

Nǐgēdǐmǔ shì ge Fǎlìsàirén, shèngjīngli miáoxiě tā shì zūncóng Yēsū zhǐyì de rén.

圣经上尼哥底母的事迹，只有在约翰福音中提到三次。

Shèngjīngshàng Nǐgēdǐmǔ de shìjì, zhǐyǒu zài Yuēhànfúyīnzhōng tídào sān cì.

第一次是他在夜里拜访耶稣，听他的教导，第二次是他曾为耶稣辩护，最后一次是在耶稣受难之后，他帮助约瑟预备埋葬耶稣。

---

72) 여기서 백 근은 리트라를 나타내는데, 리트라는 로마의 중량단위로 1리트라는 대략 330g 정도이므로, 백 리트라는 대략 33kg에 해당한다.

Dì yí cì shì tā zài yèli bàifǎng Yēsū, tīng tā de jiàodǎo, dì èr cì shì tā céng wèi Yēsū biànhù, zuìhòu yí cì shì zài Yēsū shòunàn zhīhòu, tā bāngzhù Yuēsè yùbèi máizàng Yēsū。

尼哥底母只是跟耶稣一次接触，就被改变了。

Nǐgēdǐmǔ zhǐshì gēn Yēsū yí cì jiēchǔ, jiù bèi gǎibiàn le。

他对基督的信仰非常珍贵，可以作我们基督徒的楷模。

Tā duì Jīdū de xìnyǎng fēicháng zhēnguì, kěyǐ zuò wǒmen jīdūtú de kǎimó。

生词

法院	fǎyuàn	명	법원
议员	yìyuán	명	의원
领袖	lǐngxiù	명	(국가나 단체의) 지도자, 영수
拉比	lābǐ	명	랍비(유대교의 현인이나 율법학자를 이르는 말로 예수의 제자들이 예수를 부르던 칭호)
重生	chóngshēng	동	거듭나다, 중생하다
岂能	qǐ néng		어찌 …할 수 있겠는가?
腹	fù	명	(신체의) 배
肉身	ròushēn	명	육신, 육체
定罪	dìngzuì	동	죄를 결정하다, 죄를 언도하다
抓	zhuā	동	잡다, 붙들다, 붙잡다
迷惑	míhuò	동	미혹되다, 현혹되다
申辩	shēnbiàn	명 / 동	해명(하다), 변명(하다)
逮捕	dāibǔ	명 / 동	체포(하다)
士兵	shìbīng	명	사병, 병사, 군인
绑	bǎng	동	감다, 묶다, 포박하다
荆棘	jīngjí	명	가시나무
冠冕	guānmiǎn	명	옛날 임금이나 관리가 쓰던 모자, 면류관
紫色	zǐsè	명	자색, 자줏빛, 보라색
袍子	páozi	명	두루마기, 도포
挨近	āijìn	동	접근하다, 가까이 하다
钉	dìng	동	못을 박다
十字架	shízìjià	명	십자가
遗体	yítǐ	명	시체, 유해, 시신
暗地里	àndìli	부	암암리에, 몰래
没药	mòyào	명	몰약
沉香	chénxiāng	명	침향

调	tiáo	통	고루 섞다, 배합하다, 혼합하다
殓葬	liànzàng	통	납관하여 장사지내다
敷	fū	통	바르다, 칠하다
长麻布	chángmábù	명	마포, 삼베
裹	guǒ	통	휘감다, 묶어 싸다, 싸매다
圆子	yuánzi	명	꽃밭, 채소밭, 과수원 따위의 총칭
坟墓	fénmù	명	무덤, 묘지
葬	zàng	통	매장하다, 장사지내다
安放	ānfàng	통	두다, 놓다
描写	miáoxiě	명 / 통	묘사(하다)
事迹	shìjì	명	사적, 행적
辩护	biànhù	명 / 통	변호(하다)
基督徒	jīdūtú	명	크리스천
楷模	kǎimó	명	모범, 본보기

고유명사

| 法利赛人 | Fǎlìsàirén | 고유 | 유대교의 경건주의 분파인 바리새파에 속하는 사람 |
| 尼哥底母 | Nígēdǐmǔ | 인명 | 니고데모(바리새인으로 유대교 최고 의회(산헤드린) 의원) |

어휘풀이

1 领袖 　[명] (국가나 단체의) 지도자, 영수, 리더

> 他是当时<u>犹太人</u>的最高法院中的议员，也是宗教领袖。
>
> Tā shì dāngshí Yóutàirén de zuìgāo fǎyuànzhōng de yìyuán, yě shì zōngjiào lǐngxiù.
>
> 그는 당시 유대인들의 최고 의회 의원이자 종교지도자였다.

❖ 어휘설명

'领袖'는 국가나 조직 또는 특정한 집단 등을 앞에서 거느리고 이끄는 사람, 즉 지도자를 의미한다. 주어, 목적어, 관형어로 사용된다.

❖ 예문

> ➤ 我们的领袖由群众推选了。
> ➤ 我们很支持我们的领袖。
> ➤ 领袖人物应该具有政治远见和卓越才能。

2 迷惑 　[동] 미혹되다, 미혹시키다, 현혹되다, 현혹시키다, 판단력을 잃다

> 你们也被迷惑了吗?
>
> Nǐmen yě bèi míhuò le ma?
>
> 너희도 미혹되었느냐?

❖ 어휘설명

'迷惑'는 마음이 흐려지도록 무엇에 홀리거나 판단력을 잃어 갈팡질팡 헤매는 것을 말한다. 술어, 목적어, 관형어, 부사어로 사용되고, 술어로 사용될 때 명사와 대명사를 목적어로 취한다. 또한 '了', '过'와 같이 사용할 수 있으며 보어를 취할 수 있다.

❖ 예문

➤ 受这个人的迷惑，才做错了事。

➤ 我迷惑地看了她一眼。

➤ 听了他的话，她心理又迷惑起来。

➤ 任何花言巧语[73]都迷惑不了我。

3 逮捕 명/동 체포 / 체포하다

> 无论谁看见<u>耶稣</u>，都要立即报告，去<u>逮捕</u>他。
> Wúlùn shéi kànjiàn Yēsū, dōu yào lìjí bàogào, qù dāibǔ tā.
> 누구든지 예수를 보거든 즉시 신고하고 그를 잡아들이라.

❖ 어휘설명

'逮捕'는 죄나 혐의가 있는 사람을 체포하거나 붙잡는 행위를 말한다. 술어, 목적어, 관형어로 사용되고, 술어로 사용될 때 '了', '过'와 같이 사용할 수 있으며 보어를 취할 수 있다.

❖ 예문

➤ 凶手到现在都没有遭到逮捕。

➤ 把逮捕的犯人送到监狱去。

➤ 警察把这名罪犯逮捕起来了。

➤ 他因受贿被逮捕过两次。

4 描写 명/동 묘사 / 묘사하다

> 圣经里<u>描写</u><u>尼哥底母</u>是遵从<u>耶稣</u>旨意的人。
> Shèngjīngli miáoxiě Nígēdǐmǔ shì zūncóng Yēsū zhǐyì de rén.
> 성경 속에 니고데모는 예수의 뜻을 따르는 사람이라고 묘사되어 있다.

---

73) 花言巧语(huāyánqiǎoyǔ): 감언이설

❖ 어휘설명

'描写'는 어떤 대상이나 현상 따위를 문자나 언어로 있는 그대로 표현하거나
서술할 때 사용한다.[74] 주어, 술어, 관형어로 사용되고, 술어로 사용될 때 동태
조사(了, 着, 过)와 같이 사용할 수 있으며 보어와 결합할 수 있다.

❖ 예문

> 对人物性格的描写非常出色。

> 作品中，描写的这个女人是韩国母亲的典型形象。

> 描写得太生动了，太真实了!

> 作家把他那段经历描写出来了。

5 辩护 명/동 변호/변호하다

> 第二次是尼哥底母曾为耶稣辩护。
>
> Dì èr cì shì Nígēdǐmǔ céng wèi Yēsū biànhù。
> 두 번째는 니고데모가 일찍이 예수를 위하여 변호한 일이다.

❖ 어휘설명

'辩护'는 타인 또는 자기의 견해나 행동이 정당하고 합리적이라는 것을 보여주
기 위하여 이유를 들어가며 설명하는 것을 말한다. 주어, 술어, 목적어, 관형어
로 사용된다.[75]

❖ 예문

> 他的辩护精彩极了。

> 她为自己做了三十分钟的辩护。

> 不是我要为他辩护，他根本就不知道这件事情。

> 他很善良。这是我为他辩护的理由。

---

74) '描写'는 '그림을 그리다'의 의미는 갖지 않는다.
　　예: 那位画家正在画室里描写苹果(×)→那位画家正在画室里描绘苹果。(○)
75) '辩护'가 술어로 쓰일 때는 목적어를 취할 수 없다.
　　예: 辩护这个案件。(×)→为这个案件辩护。(○)

말씀 묵상하기

我实实在在地告诉你，人若不重生，就不能看见上帝的国。　　(约 3:3)

Wǒ shíshízàizài de gàosu nǐ, rén ruò bù chóngshēng, jiù bù néng kànjiàn shàngdì de guó.

神爱世人，甚至将他的独生子赐给他们，叫一切相信他的人不至灭亡，反得永生。　　(约 3:16)

Shén ài shìrén, shènzhì jiāng tā de dúshēngzǐ cìgeǐ tāmen, jiào yíqiè xiāngxìn tā de rén bú zhì mièwáng, fǎn dé yǒngshēng.

중생의 도를 추구한 지식인 니고데모

성경말씀: 요한복음 3장, 7장, 19장

바리새인 가운데 니고데모라는 사람이 있었는데, 그는 당시 유대의 최고 의회 의원이자 종교지도자였다. 어느 날 밤에 그가 예수를 찾아와 말하였다. "랍비여, 우리는 하나님께서 당신을 보내 우리를 가르치시려 한다는 것을 알고 있습니다. 선생님께서 행하시는 표적들은 하나님께서 당신과 함께 계신다는 것을 증명하고 있습니다." 그러자 예수께서 그에게 말씀하셨다. "내가 진실로 진실로 너에게 이르노니, 누구든지 거듭나지 않으면 하나님 나라를 볼 수 없다." 니고데모가 말하였다. "이미 늙은 사람이 어떻게 또 태어날 수 있습니까? 어머니 뱃속에 다시 들어갔다가 나올 수는 없지 않습니까?" 예수께서 대답하셨다. "내가 진실로 진실로 너에게 이르노니 사람이 물과 성령으로 거듭나지 않으면 하나님 나라에 들어갈 수 없다. 육으로 태어난 것은 육이고 영에서 태어난 것은 영이니라. 내가 너에게 거듭나야 한다고 말했다고 놀라지 말라. 바람은 자기가 원하는 곳으로 부니 너는 그 소리를 들어도 어디에서 와서 어디로 가는지 모른다. 영에서 태어난 이도 다 이와 같다." 니고데모가 대답하여 말하였다. "어떻게 이런 일이 있을 수 있습니까?" 예수께서 대답하셨다. "너는 이스라엘의 선생이면서 이런 것들을 모르느냐? 내가 진실로 진실로 너에게 이르노니 우리는 우리가 아는 것을 말하고 본 것을 증언한다. 그러나 너희는 우리의 증언을 받아들이지 않으니, 내가 땅의 일을 말하여도 너희가 믿지 않거늘 하늘의 일을 말하면 어찌 믿겠느냐? 하늘에서 내려온 자, 곧 인자 외에는 하늘로 올라간 이가 없다. 모세가 광야에서 뱀을 든 것과 같이 인자도 들려야 한다. 이는 그를 믿는 자마다 영생을 얻게 하려는 것이다. 하나님이 세상을 이처럼 사랑해서 그의 독생자를 주셨으니 이는 그를 믿는 사람들은 멸망하지 않고 영생을 얻게 하려는 것이다. 하나님이 아들을 세상에 보내신 것은 세상을 심판하시려는 것이 아니라 그를 통하여 세상 사람을 구원하시려는 것이다."

그 뒤에 예수께서 제자들과 함께 유대 지방으로 가서 그곳에 머물면서 사람들에게 세례를 주셨다. 그러자 많은 사람이 예수를 믿었다. 이에 대제사장들과 바리새인들이 예수를 잡으려고 하인들을 보냈다. 그러나 그들 중에 실제로 예수를 잡아 오는 사람은 없었다. 부하들이 빈손으로 돌아오자 대제사장과 바리새인들이 물었다. "어찌하여 예수를 잡아 오지 않았느냐?" 하인들이 대답하였다. "그 사람처럼 말하는 사람은 지금까지 아무도 없었습니다." 그러자 바리새인들이 물었다. "너희도 그에게 미혹되었느냐? 최고 의회 의원들이나 바리새인 중에 그를 믿는 사람이 있더냐? 율법을 모르는 저 무리는 저주받은 자들이다." 이때 그들 가운데 전에 예수를 찾아왔던 니고데모가 그들에게 말하였다. "먼저 본인의 말을 들어보지도 않고 그 사람을 심판하는 것이 옳습니까?" 그러자 그들이 대답하였다. "당신도 갈릴리 출신이오? 성서를 살펴보시오. 갈릴리에서는 선지자가 나온 적이 없소." 하고는 모두 각자 집으로 돌아갔다.

이 시기에 예수께서 많은 표적을 행하시니 사람들이 모두 예수를 믿었다. 그러자 대제사장과 바리새인들이 명령하였다. "누구든지 예수를 보거든 즉시 신고하고 그를 잡아들이라." 그리하여 병사들과 유대인의 하인들이 예수를 잡아 결박하고, 가시로 면류관을 엮어 그의 머리에 씌우고 자색 옷을 입혔다. 그러고는 앞으로 와서 "유대인의 왕이여! 평안할지어다." 하고 말하고는 손바닥으로 예수를 쳤다. 병사들이 예수를 십자가에 못 박자, 예수께서는 모든 일이 이미 이루어진 줄을 아시고 "다 이루었도다." 하시고는 머리를 떨어뜨리고 숨을 거두었다.

그 후에 요셉이 빌라도에게 예수의 시신을 거두게 해 달라고 청하였다. 그는 예수의 제자였지만 유대인들을 두려워하여 그 사실을 숨기고 있었다. 빌라도가 허락하자 그가 가서 예수의 시신을 가져왔다. 언젠가 밤에 예수를 찾아왔던 니고데모도 왔는데 그는 몰약과 침향 섞은 것을 백 근쯤 가지고 왔다. 그들은 유대인의 장례 풍속대로 예수의 시신에 향료를 바르고 세마포(細麻布)로 감쌌다. 예수께서 십자가에 못 박힌 곳에 동산이 하나 있었는데, 그 동산에는 아직 사람을 장사지낸 적이 없는 새 무덤이 하나 있었다. 이날은 유대인들의 유월절 준비일이고 또 무덤이 가까이 있었으므로 그들은 예수를 그곳에 모셨다.

니고데모는 바리새인이지만 성경 속에 예수의 뜻을 따르는 사람이라고 묘사되어 있다. 성경 속 니고데모에 관한 행적은 요한복음서에 단지 세 번 출현한다. 첫 번째는 그가 밤에 예수를 찾아와 예수의 가르침을 들은 일과 두 번째는 그가 일찍이 예수를 위하여 변호한 일, 마지막은 예수께서 고난을 받은 후 요셉이 예수를 장사지내는 일을 도운 내용이다. 니고데모는 예수님과 단지 한 번의 접촉으로 변하였다. 그리스도에 대한 그의 신앙은 우리 기독교인들의 모범이 될 만큼 매우 값진 것이다.

创造奇迹的耶稣

Chuāngzào qíjì de Yēsū

圣经话语: 马太福音 14章 / 马可福音 6章 / 路加福音 9章 /
约翰福音 6章

1) 耶稣使群众吃饱

Yēsū shǐ qúnzhòng chībǎo

　　耶稣治愈了被鬼附身的人[76]和患了十二年血漏病的女人，又救活了睚
鲁的女儿后，[77]　离开那个地方，和门徒一起回到自己的家乡[78]。

　　Yēsū zhìyù le bèi guǐ fùshēn de rén hé huàn le shí èr nián xuèlòubìng de nǚrén, yòu
jiùhuó le Yálǔ de nǚ'ér hòu, líkāi nà ge dìfang, hé méntú yìqǐ huí dào zìjǐ de jiāxiāng.

然后耶稣走遍各个村庄教导人。

---

76) '被鬼附身的人'은 귀신들린 자를 의미한다.

77) 예수께서 귀신들린 사람을 고치신 일과 회당장의 죽은 딸을 살리신 일 및 열두 해 동안 혈루증을 앓
아온 여인이 믿음으로 치유되고 구원받은 사건을 말한다.(마가복음 5장 참조)

78) 예수의 고향은 기독교에서 일반적으로 베들레헴으로 알려져 있으나, 요한복음서(1:44-46)를 근거로
갈릴리 지방의 나사렛으로 보는 견해도 있다.

Ránhòu Yēsū zǒubiàn gègè cūnzhuāng jiàodǎo rén。

他召来十二个门徒，把他们两个两个派出去，又赐他们权柄驱赶邪灵。

Tā zhàolái shí èr ge méntú, bǎ tāmen liǎng ge liǎng ge pàichūqù, yòu cì tāmen quánbǐng qūgǎn xiélíng。

门徒就出去，传到叫人悔改，又赶走许多鬼，并治好许多病人，用橄榄油涂抹他们。

Méntú jiù chūqù, chuándào jiào rén huǐgǎi, yòu gǎnzǒu xǔduō guǐ, bìng zhìhǎo xǔduō bìngrén, yòng gǎnlǎnyóu túmǒ tāmen。

统治加利利的希律听到耶稣所有的事迹，就感到困惑。

Tǒngzhì Jiālìlì de Xīlǜ tīngdào Yēsū suǒyǒu de shìjì, jiù gǎndào kùnhuò。

希律说: "我已经砍了约翰的头[79]，现在又听到这人的奇闻，他是谁呢?"，他就要想见耶稣。

Xīlǜ shuō: "Wǒ yǐjīng kǎn le Yuēhàn de tóu, xiànzài yòu tīngdào zhè rén de qíwén, tā shì shéi ne?", tā jiù yào xiǎng jiàn Yēsū。

使徒回来后，向耶稣报告了他们所做的一切，耶稣就和他们悄悄到了伯赛大。

Shǐtú huílái hòu, xiàng Yēsū bàogào le tāmen suǒ zuò de yíqiè, Yēsū jiù hé tāmen qiāoqiāo dào le Bósàidà。

众人知道了，就跟着他。

Zhòngrén zhīdao le, jiù gēnzhe tā。

耶稣接待他们，对他们讲论神国的事，又治好了有病的人。

Yēsū jiēdài tāmen, duì tāmen jiǎnglùn shén guó de shì, yòu zhìhǎo le yǒu bìng de rén。

天已经晚了，门徒来对耶稣说: "这是个野地，天也晚了， 叫众人往村子里去买东西吃吧。"

---

79) 헤롯왕은 자기 동생(빌립)의 처(헤로디아)를 아내로 맞이한 일로 인해 세례 요한에게 수차례 지적을 받는
다. 이 일로 요한에 대해 불만을 품고 있었는데 자기 생일날 헤로디아의 딸이 춤을 추어 자신과 주변
사람들을 즐겁게 해주자 그녀의 소원을 들어주겠다고 약속한다. 그녀는 어머니에게 물어 요한의 머리를
쟁반에 담아달라고 요청하였다. 헤롯왕은 딸과의 약속을 지키기 위해 경비병을 보내 요한을 죽이고 그의
머리를 쟁반에 담아 딸에게 주었고, 그녀는 그것을 자기 어머니에게 주었다.(마태복음 14:3~11 참조)

Tiān yǐjīng wǎn le, méntú lái duì Yēsū shuō: "Zhè shì ge yědì, tiān yě wǎn le, jiào zhòngrén
wǎng cūnzilǐ qù mǎi dōngxi chī ba。"

耶稣却说: "不用他们去, 你们给他们吃的吧。"

Yēsū què shuō: "Bú yòng tāmen qù, nǐmen gěi tāmen chī de ba。"

门徒问: "拿什么给他们吃呢?"

Méntú wèn: "Ná shénme gěi tāmen chī ne?"

耶稣问: "你们有多少饼? 去看一下。"

Yēsū wèn: "Nǐmen yǒu dūoshao bǐng? Qù kàn yíxià。"

门徒回来说: "我们只有五个饼, 两条鱼。叫他们各人吃一点, 也是不够
的。"

Méntú huílái shuō: "Wǒmen zhǐyǒu wǔ ge bǐng, liǎng tiáo yú。Jiào tāmen gèrén chī yìdiǎn,
yě shì búgòu de。"

耶稣说: "拿过来给我。"

Yēsū shuō: "Náguòlái gěi wǒ。"

耶稣吩咐门徒让众人坐在青草地上。

Yēsū fēnfù méntú ràng zhòngrén zuòzài qīngcǎo dìshang。

众人就分组坐下, 有的五十人, 有的一百人。

Zhòngrén jiù fēn zǔ zuòxià, yǒu de wǔ shí rén, yǒu de yì bǎi rén。

耶稣拿起这五个饼和两条鱼, 举目望天, 祝福, 然后把饼擘开。

Yēsū náqǐ zhè wǔ ge bǐng hé liǎng tiáo yú, jǔmù wàngtiān, zhùfú, ránhòu bǎ bǐng bòkāi。

他把饼递给门徒, 让门徒再分给众人, 又把鱼分给每个人。

Tā bǎ bǐng dìgěi méntú, ràng méntú zài fēngěi zhòngrén, yòu bǎ yú fēngěi měi ge rén。

他们都吃饱了, 把剩下的零碎收拾起来, 装满了十二个篮子。

Tāmen dōu chībǎo le, bǎ shèngxià de língsuì shōushíqǐlái, zhuāngmǎn le shí èr ge lánzi。

那天吃饱的人数, 除了妇女和孩子, 约有五千个。

Nà tiān chībǎo de rénshù, chúle fùnǚ hé háizi, yuē yǒu wǔ qiān ge。

众人看见耶稣所行的神迹，就说："他一定是我们所期待的那位先知。"

Zhòngrén kànjiàn Yēsū suǒ xíng de shénjì, jiù shuō: "Tā yídìng shì wǒmen suǒ qīdài de nà wèi xiānzhī。"

耶稣见他们要来强迫他作王，就独自悄悄山上去了。

Yēsū jiàn tāmen yào lai qiángpò tā zuò wáng, jiù dúzì qiāoqiāo shānshàng qù le。

2) 迦拿婚宴
Jiāná hūnyàn

在加利利的村庄迦拿有一个婚宴。

Zài Jiālìlì de cūnzhuāng Jiāná yǒu yí ge hūnyàn。

耶稣的母亲在那里，耶稣和门徒也被邀请了。

Yēsū de mǔqīn zài nàli, Yēsū hé méntú yě bèi yāoqǐng le。

席间，酒喝光了。

Xíjiān, jiǔ hēguāng le。

耶稣的母亲对耶稣说："他们没有酒了。"

Yēsū de mǔqīn duì Yēsū shuō: "Tāmen méi yǒu jiǔ le。"

耶稣说："妇人[80]，这事与我无关，我的时候还没有到。"

Yēsū shuō: "Fùrén, zhè shì yǔ wǒ wú guān, wǒ de shíhou hái méi yǒu dào。"

他母亲对仆人说："他吩咐什么，你们就照样做。"

Tā mǔqīn duì púrén shuō: "Tā fēnfù shénme, nǐmen jiù zhàoyàng zuò。"

附近，按照犹太人洁净的规矩，摆着六口石缸，每口石缸可以盛两三桶水。

Fùjìn, ànzhào Yóutàirén jiéjìng de guījù, bǎi zhe liù kǒu shígāng, měi kǒu shígāng kěyǐ

---

80) 예수께서 모친을 "妇人(여자여)"이라고 하신 것은 공생애 기간 동안 혈통적 인연에 매이지 않고 하나님의 뜻만을 펼치기 위한 것으로 볼 수 있다. 그는 공생애 기간에 여자들을 부를 때 '여자여'라는 표현을 사용하였는데, 어머니인 마리아도 예외는 아니었다. 예수께서 어머니를 "여자여"라고 부름으로써 메시야인 자신과 인간 어머니 사이의 공적 관계를 잘 드러내고 있다.

chéng liǎng sān tǒng shuǐ。

耶稣对仆人说:"把水缸装满水。"

Yēsū duì púrén shuō: "Bǎ shuǐgāng zhuāngmǎn shuǐ。"

等他们把水装满了,他又说:"现在舀出来,给管酒席的人送去。"

Děng tāmen bǎ shuǐ zhuāngmǎn le, tā yòu shuō: "Xiànzài yǎochūlái, gěi guǎn jiǔxí de rén sòngqù。"

仆人就照样做了。

Púrén jiù zhàoyàng zuò le。

管酒席的尝了那水变成的酒,并不知道是它从哪里来(只有那些舀水的仆人知道。),就把新郎叫来。

guǎn jiǔxí de cháng le nà shuǐ biànchéng de jiǔ, bìngbù zhīdào shì tā cóng nǎli lái(zhǐyǒu nà xiē yǎo shuǐ de púrén zhīdao。), jiù bǎ xīnláng jiàolái。

管酒席的人对新郎说:"主人都是先摆上好酒,等客人喝得差不多了,才把次等的拿来。你却把好酒留到现在!"

Guǎn jiǔxí de rén duì xīnláng shuō: "Zhǔrén dōu shì xiān bǎishàng hǎojiǔ, děng kèrén hē de chàbuduō le, cái bǎ cìděng de nálái。 Nǐ què bǎ hǎojiǔ liúdào xiànzài!"

这是耶稣所行的第一次神迹,是在加利利的迦拿发生的。

Zhè shì Yēsū suǒ xíng de dì yí cì shénjì, shì zài Jiālìlì de Jiāná fāshēng de。

耶稣第一次显出他的荣耀来,他的门徒就信了他。

Yēsū dì yí cì xiǎnchū tā de róngyào lái, tā de méntú jiù xìn le tā。

这事以后,耶稣跟他的母亲、兄弟和门徒一同前往迦百农,在那里住了几天。

Zhè shì yǐhòu, Yēsū gēn tā de mǔqīn、 xiōngdì hé méntú yìtóng qiánwǎng Jiābǎinóng, zài nàli zhù le jǐ tiān。

生词

治愈	zhìyù	통	치유하다
附身	fùshēn	통	몸에 붙어 다니다, 따라다니다
血漏病	xuèlòubìng	명	혈루증
救活	jiùhuó	통	생명을 구하다, 목숨을 살리다
村庄	cūnzhuāng	명	마을, 촌락, 부락
驱赶	qūgǎn	통	쫓다, 내몰다, 쫓아 버리다
邪灵	xiélíng	명	사악한 영, 귀신, 악귀
涂抹	túmǒ	통	칠하다, 바르다
奇迹	qíjì	명	기적
困惑	kùnhuò	명 / 통	곤혹(하다), 당혹(하다)
砍	kǎn	통	(칼이나 도끼 따위로) 찍다, 베다
奇闻	qíwén	명	진기한 이야기, 놀라운 소문
悄悄	qiāoqiāo	부	살그머니, 몰래, 조용히, 은근히
村子	cūnzi	명	마을, 촌락, 동네
擘开	bòkāi	통	쪼개다
零碎	língsuì	명	부스러기, 자잘한 물건
收拾	shōushí	통	거두다, 치우다, 정리하다
篮子	lánzi	명	바구니, 광주리
期待	qīdài	명 / 통	기대(하다)
强迫	qiángpò	통	강요하다, 강제로 시키다, 핍박하다
邀请	yāoqǐng	명 / 통	초청(하다), 초대(하다)
规矩	guījù	명	규율, 표준, 법칙
摆	bǎi	통	놓다, 진열하다, 배치하다
石缸	shígāng	명	돌 항아리
桶	tǒng	양	통
舀	yǎo	통	(국자나 바가지로) 푸다. 건져 내다.
酒席	jiǔxí	명	연석(宴席), 술자리

| 次等 | cìděng | 명 / 형 | 차등(의), 2등(의), 다음가는 등급 |

고유명사

睚鲁	Yálǔ	인명	야이로(믿음으로 죽은 딸이 다시 살아나는 기적을 체험한 인물)
希律	Xīlù	인명	그리스도의 강림을 두려워하여 베들레헴의 많은 유아를 살해한 유대 왕(재위 BC.37~BC.4)
伯赛大	Bósàidà	지명	벳새다(갈릴리 호수 북쪽의 연안 지역)
迦拿	Jiāná	지명	가나(갈릴리 호수 서쪽에 위치한 작은 마을로 남쪽의 나사렛과 북쪽의 가버나움 사이에 위치함)
迦百农	Jiābǎinóng	지명	가버나움(갈리리 호수 북서쪽의 연안 지역)

어휘풀이

1 砍 통 (칼이나 도끼 따위로) 찍다, 베다,

> 我已经砍了约翰的头，现在又听到这人的奇闻，他是谁呢?
> Wǒ yǐjīng kǎn le Yuēhàn de tóu, xiànzài yòu tīngdào zhè rén de qíwén, tā shì shéi ne?
> 내가 이미 요한의 목을 베었는데, 이제 또 이 사람의 소문이 들리니 그는 누구란 말인가?

❖ **어휘설명**

'砍'은 칼이나 도끼 등으로 강력하게 물건을 내리쳐 쪼개는 행위를 말한다. 명사목적어를 취하고 보어와 결합할 수 있다.

❖ **예문**

➤ 用刀砍下来一条鸡腿。

➤ 那块木头太硬，砍了十几下也砍不断。

➤ 小王把树砍倒了。

또한 '~을 향해 던지다'의 의미를 나타낸다.

➤ 狗要咬你，你就用石头砍砍它。

2 邀请 명 / 통 초청, 초대 / 초청하다, 초대하다

> 耶稣和门徒也被邀请了。
> Yēsū hé méntú yě bèi yāoqǐng le。
> 예수와 제자들도 초대되었다.

❖ **어휘설명**

'邀请'은 손님을 자기가 있는 곳이나 약속한 장소로 오도록 요청하는 의미를

나타낸다. 술어, 목적어, 관형어로 사용되고, 술어로 사용될 때 명사나 대명사를 목적어로 취한다. 또한 보어와 결합하여 사용할 수 있다.

❖ 예문

➤ 我邀请了几个好友到我家来做客。

➤ 对你们的邀请我深表感谢。

➤ 邀请的人数，不可胜数。

➤ 你们以前没有什么来往，怎么邀请起她来了?

③ 收拾　[통] 거두다, 치우다, 정리하다, 수습하다

他们都吃饱了，把剩下的零碎收拾起来，装满了十二个篮子。

Tāmen dōu chībǎo le, bǎ shèngxià de língsuì shōushíqǐlái, zhuāngmǎn le shí èr ge lánzi。

그들이 모두 배불리 먹고 남은 것들을 정리하니 열 두 바구니에 꽉 찼다.

❖ 어휘설명

'收拾'는 흐트러진 물건이나 어수선한 상태를 치우거나 정리하는 것을 말한다. 술어, 목적어, 관형어로 사용되고, 술어로 사용될 때 동태조사(了, 着, 过)와 같이 사용할 수 있으며 보어와 결합할 수 있다. 중첩하여 사용할 수 있고 주로 회화체에서 사용한다.

❖ 예문

➤ 不用收拾被子，放在那儿就行了。

➤ 我很享受收拾家的过程。

➤ 抽屉收拾过了。

➤ 房间里收拾得很干净。

➤ 屋里的东西太乱了，得好好收拾收拾。

'수리하다'와 '혼내 주다'의 의미도 나타낸다.

➤ 他的Mp3有点儿毛病，你帮他收拾一下儿吧。

➤ 她今天早上把她儿子狠狠地收拾了一顿。

4 期待　몡/통　기대 / 기대하다, 바라다

> 他一定是我们所期待的那位先知。
>
> Tā yídìng shì wǒmen suǒ qīdài de nà wèi xiānzhī.
>
> 그는 틀림없이 우리가 바라던 그 선지자이다.

❖ 어휘설명

'期待'는 앞날에 대해 기대하거나 바라던 일이 이루어지기를 희망함을 의미한다. 주어, 술어, 목적어, 관형어로 사용되고, 술어로 사용될 때 동태조사(了, 着, 过)와 같이 사용할 수 있다.

❖ 예문

> ➤ 你们的期待一定会变成现实的。
> ➤ 我在内心里一直期待着这一天。
> ➤ 我决不辜负父母的期待。
> ➤ 父母对儿子的期望很高，总是用期待的眼神看着他。

5 强迫　통　강요하다, 강제로 시키다

> 耶稣见他们要来强迫他作王，就独自悄悄山上去了。
>
> Yēsū jiàn tāmen yào lai qiángpò tā zuò wáng, jiù dúzì qiāoqiāo shānshàng qù le。
>
> 예수께서는 그들이 억지로 그를 왕으로 삼으려는 것을 보시고 다시 혼자 조용히 산으로 올라가셨다.

❖ 어휘설명

'强迫'는 다른 사람에게 강제로 어떤 일을 시키거나 압력을 행사해 복종시키는 것을 의미한다. 술어, 목적어, 관형어 등으로 사용되고, 술어로 사용될 때 명사, 대명사, 동사, 주술구를 목적어로 취한다. 또한 동태조사(了, 过)와 같이 사용할 수 있으며 보어와 결합할 수 있다.

❖ 예문

> 我们决不强迫你。

> 要耐心说服，不要强迫命令。

> 不要让孩子有强迫感。

> 父亲从来没强迫过我。

> 这种事万万强迫不得。

말씀 묵상하기

耶稣接待他们，对他们讲论神国的事，又治好了有病的人。　　(路 9:11)

Yēsū jiēdài tāmen, duì tāmen jiǎnglùn shén guó de shì, yòu zhìhǎo le yǒu bìng de rén.

耶稣第一次显出他的荣耀来，他的门徒就信了他。　　(约 2:11)

Yēsū dì yí cì xiǎnchū tā de róngyào lái, tā de méntú jiù xìn le tā.

기적을 행하는 예수

성경말씀: 마태복음 14장 / 마가복음 6장 / 누가복음 9장 / 요한복음 6장

1) 군중을 먹이신 예수

예수께서 귀신들린 자와 12년 동안 혈루증을 앓아온 여인을 치유하시고, 야이로의 딸을 살리신 후에 그곳을 떠나 제자들과 함께 자신의 고향으로 돌아가셨다. 그리고 나서 예수께서는 모든 마을을 돌아다니며 가르치셨다. 그는 열두 제자를 불러서 둘씩 짝지어 보내고, 제자들에게 악귀를 쫓아내는 권능을 주셨다. 제자들은 나가서 회개하라 전파하고 많은 귀신을 쫓아내며 수많은 병자에게 기름을 발라서 병을 고쳐주었다.

갈릴리를 통치하던 헤롯왕은 예수의 모든 행적을 듣고 매우 곤혹스러웠다. 헤롯왕이 말하기를 "내가 이미 요한의 목을 베었는데, 이제 또 이 사람의 소문이 들리니 그는 누구란 말인가?" 하며 예수를 보고자 하였다.

사도들이 돌아와 자기들이 행한 모든 것을 예수께 보고하자 예수께서는 사도들을 데리고 조용히 벳새다라는 마을로 가셨다. 사람들이 알고는 예수를 쫓아왔다. 예수께서 그들을 영접하시고 하나님 나라의 일을 이야기하며 병든 자들을 고쳐주셨다. 날이 저물자 제자들이 예수께 말하였다. "이곳은 아무것도 없는 들판인데다 날도 이미 저물었으니 무리를 마을로 보내어 먹을 것을 사 먹게 하십시오." 그러자 예수께서 답하셨다. "갈 필요 없다. 너희가 그들에게 먹을 것을 주거라." 제자들이 물었다. "무엇으로 저들을 먹입니까?" 예수께서 물으셨다. "너희에게 떡이 몇 개나 있느냐? 가서 보고 오너라." 제자들이 돌아와 답하였다. "우리에게 있는 것은 떡 다섯 개와 물고기 두 마리뿐입니다. 모든 사람이 조금씩 받아도 떡이 많이 부족합니다." 예수께서 말씀하셨다. "그것을 내게 가져오너라." 하시고는 제자들에게 명하여 무리를 푸른 잔디 위에 앉게 하셨다. 무리가 나누어 오십 명 또는 백 명씩 앉았다. 예수께서 떡 다섯 개와 물고기 두 마리를 가지고 하늘을 우러러 축사한 후 떡을 떼어 제자들에게 나누어 주자, 제자들은 다시 사람들에게 나누어 주었다. 물고기도 모든 사람에게 나누어 주었다. 사람들이 모두 배불리 먹고 남은 것들을 정리하니 열두 바구니에 꽉 찼다. 그날에 배불리 먹은 사람도 여자와 아이 외에 오천 명이나

되었다. 사람들이 예수가 행한 표적을 보고 말하였다. "이분은 틀림없이 우리가 바라던 그 선지자이다." 그러자 예수께서는 그들이 억지로 자기를 왕으로 삼으려는 것을 보시고 다시 혼자 조용히 산으로 올라가셨다.

2) 가나 혼인 잔치

갈릴리 마을 가나에 혼인 잔치가 있었다. 예수의 어머니도 그곳에 계셨고 예수와 그 제자들도 잔치에 초대되었다. 잔치 중간에 포도주가 떨어졌다. 예수의 모친께서 예수에게 이르셨다. "저들에게 포도주가 없구나." 예수께서 대답하셨다. "여자여, 이 일은 저와 상관이 없습니다. 내 때가 아직 이르지 않았습니다." 그러자 예수 어머니께서 하인들에게 말씀하셨다. "그가 너희에게 무슨 말씀을 하시든지 그대로 행하라."

그곳에는 유대인의 정결 예식에 따라 물 두세 통 담을 수 있는 항아리 여섯 개가 놓여있었다. 예수께서 하인들에게 말씀하셨다. "항아리에 물을 채워라." 하인들이 물을 병목까지 채우자 다시 말씀하셨다. "이제는 떠서 연회장 관리인에게 가져다 주거라." 이에 하인들이 그대로 하였다. 연회장 관리인은 물로 된 포도주를 맛보았으나 그것이 어디서 났는지 모르고(물 떠온 하인들만이 알고 있었음) 신랑을 불렀다. 연회장 관리인이 신랑에게 말하였다. "사람들은 먼저 좋은 포도주를 내고 사람들이 취하면 조금 안 좋은 것을 내놓거늘 당신은 지금까지 좋은 포도주를 가지고 있었소."

이 일은 예수께서 행하신 첫 번째 표적으로 갈릴리 가나에서 행하신 것이다. 예수께서 처음으로 그 영광을 나타내시니 그의 제자들이 모두 그를 믿었다. 그 후에 예수께서 그 어머니와 형제들 그리고 제자들과 함께 가버나움으로 내려가 그곳에 며칠 머무셨다.

부록

主祷文(주기도문)

使徒信经(사도신경)

十诫命(십계명)

主祷文
Zhǔdǎowén

我们在天上的父
Wǒmen zài tiānshàng de fù

愿人都尊你的名为圣
yuàn rén dōu zūn nǐ de míng wéi shèng

愿你的国降临
yuàn nǐ de guó jiànglín

愿你的旨意行在地上，如同行在天上。
yuàn nǐ de zhǐyì xíngzài dìshang, rútóng xíngzài tiānshàng。

我们日用的饮食，今日赐给我们
Wǒmen rìyòng de yǐnshí, jīnrì cìgěi wǒmen

免我们的债，如同我们免了人的债
miǎn wǒmen de zhài, rútóng wǒmen miǎn le rén de zhài

不叫我们遇见试探，救我们脱离凶恶。
bú jiào wǒmen yùjiàn shìtàn, jiù wǒmen tuōlí xiōng'è。

因为国度、权柄、荣耀、全是你的，直到永远。
Yīnwèi guódù、quánbǐng、róngyào、quán shì nǐ de, zhí dào yǒngyuǎn。

阿门。
Ā men。

(马太福音 6:9-13)

주기도문

하늘에 계신 우리 아버지

아버지의 이름을 거룩하게 하시며

아버지의 나라가 오게 하시며

아버지의 뜻이 하늘에서와 같이 땅에서도 이루어지게 하소서.

오늘 우리에게 일용할 양식을 주시고

우리가 우리에게 잘못한 사람을 용서하여 준 것 같이 우리 죄를
용서하여 주시고

우리를 시험에 빠지지 않게 하시고 악에서 구하소서.

나라와 권능과 영광이 영원히 아버지의 것입니다.

아 멘.

(마태복음 6:9-13)

使徒信经
Shǐtúxìnjīng

我信上帝、全能的父，创造天地的主。
Wǒ xìn shàngdì, quánnéng de fù, chuàngzào tiāndì de zhǔ。

我信我主耶稣基督，上帝独生的子。
Wǒ xìn wǒ zhǔ Yēsū Jīdū, shàngdì dúshēng de zǐ。

因圣灵感孕，由童贞女马利亚所生
Yīn shènglíng gǎnyùn, yóu tóngzhēnnǚ Mǎlìyà suǒ shēng

在本丢彼拉多手下受难
zài Běndiū Bǐlāduō shǒuxià shòunàn

被钉于十字架上，受死，埋葬
bèi dìngyú shízijiàshàng, shòusǐ, máizàng

降在阴间，第三天从死人中复活
jiàngzài yīnjiān, dì sān tiān cóng sǐrénzhōng fùhuó

升天，坐在全能父上帝的右边
shēngtiān, zuòzài quánnéng fù shàngdì de yòubiān

将来必从那里降临，审判活人死人。
jiānglái bì cóng nàli jiànglín, shěnpàn huórén sǐrén。

我信圣灵；我信圣而公之教会
Wǒ xìn shènglíng；wǒ xìn shèng ér gōng zhī jiàohuì

我信圣徒相通；我信罪得赦免
wǒ xìn shèngtú xiāngtōng；wǒ xìn zuì dé shèmiǎn

我信身体复活；我信永生。
wǒ xìn shēntǐ fùhuó；wǒ xìn yǒngshēng。

阿们。
Ā men.

사도신경

나는 전능하신 아버지 하나님, 천지의 창조주를 믿습니다.

나는 그의 유일하신 아들, 우리 주 예수 그리스도를 믿습니다.

그는 성령으로 잉태되어 동정녀 마리아에게 나시고

본디오 빌라도에게 고난을 받아

십자가에 못 받혀 죽으시고 장사 된 지

사흘 만에 죽은 자 가운데서 다시 살아나셨으며

하늘에 오르시어 전능하신 아버지 하나님 우편에 앉아 계시다가

거기로부터 살아있는 자와 죽은 자를 심판하러 오십니다.

나는 성령을 믿으며, 거룩한 공교회와

성도의 교제와 죄를 용서받는 것과

몸의 부활과 영생을 믿습니다.

아 멘.

十诫命
Shíjièmìng

第一, 除了我以外, 你不可有别的神。
Dì yī, chúle wǒ yǐwài, nǐ bù kě yǒu bié de shén。

第二, 不可为自己雕刻偶像。
Dì èr, bù kě wèi zìjǐ diāokè ǒuxiàng。

第三, 不可妄称耶和华你神的名。
Dì sān, bù kě wàngchēng Yēhéhuá nǐ shén de míng。

第四, 当记念安息日, 守为圣日。
Dì sì, dāng jìniàn ānxīrì, shǒuwéi shèngrì。

第五, 当孝敬父母。
Dì wǔ, dāng xiàojìng fùmǔ。

第六, 不可杀人。
Dì liù, bù kě shā rén。

第七, 不可奸淫。
Dì qī, bù kě jiānyín。

第八, 不可偷盗。
Dì bā, bù kě tōudào。

第九, 不可作假见证陷害人。
Dì jiǔ, bù kě zuò jiǎ jiànzhèng xiànhài rén。

第十, 不可贪恋人的房屋。
Dì shí, bù kě tānliàn rén de fángwū。

(出埃及记 20:1-17)

십계명

제일은, 너는 나 이외에는 다른 신들을 네게 두지 말라.

제이는, 너를 위하여 새긴 우상을 만들지 말라.

제삼은, 너는 너의 하나님 여호와의 이름을 망령되게 부르지 말라.

제사는, 안식일을 기억하여 거룩하게 지키라.

제오는, 네 부모를 공경하라.

제육은, 살인하지 말라.

제칠은, 간음하지 말라.

제팔은, 도둑질하지 말라.

제구는, 네 이웃에 대하여 거짓 증거하지 말라.

제십은, 네 이웃의 집을 탐내지 말라.

(출애굽기 20:1-17)

참고문헌

<서적>
趋向补语通释　刘月华 主编　北京语言文化大学出版社　1995
现代汉语　李勉东 主编　东北师范大学出版社　1999
现代汉语　周一民、杨润陆 编著　北京师范大学出版社　2001
现代汉语　黄伯荣、廖序东 主编　高等教育出版社　1995
语法学探微　刘叔新 著　南开大学出版社　1996
语法研究入门　吕叔湘等 著、马庆株 编　商务印书馆　1999
现代汉语词类研究　郭锐 著　商务印书馆　2002
现代汉语语法研究教程　陆俭明 著　北京大学出版社　2003
现代汉语八百词　吕叔湘 主编　商务印书官　1996

<사전>
现代汉语常用词用法词典　李忆民 主编　北京语言文化大学出版社　1995
现代汉语离合词用法词典　杨庆蕙 主编　北京师范大学出版社　1995
现代汉语实词搭配词典　张寿康、林杏光 主编　商务印书馆　1996
现代汉语词典　中国社会科学院语言研究所词典编辑室编　商务印书馆　1994
现代汉语分类词典　董大年 主编　汉语大词典出版社　1999
汉语水平考试词典　邵敬敏 主编　华东师范大学出版社　2000
汉语常用词用法词典　李晓琪 等编　北京大学出版社　1998
汉语大词典　罗竹风 主编　汉语大词典出版社　1995

<성경>
한중병음성경(개역개정판)　최순환 저자　모리슨출판사　2014
성경전서(개역개정판)　대한성서공회　성서원　2007
聖經·新普及譯本(繁體)　漢語聖經協會有限公司　2014
中韩对照圣经(新约)　SLS　1999
漢文聖經　김경수 編　이화문화출판사 2010
(한·중·영) 주제별 성경읽기　김경수 編　이화문화출판사 2010
인터넷 성경: www.ezreadbible.com
　　　　　http://www.zgaxr.com/book/003/013
　　　　　https://bible.ctm.kr
　　　　　구글: 쉬운 성경-NOCR

저자 약력

▌황신애(黃信愛)

現 서울신학대학교 중국어과 부교수
중국 베이징대학 중국언어문학과 박사
중국 베이징대학 중국언어문학과 석사

중국어로 읽는 성경

초 판 인 쇄	2019년 02월 19일
초 판 발 행	2019년 02월 28일
저　　　자	황신애
발 행 인	윤석현
발 행 처	박문사
책 임 편 집	최인노
등 록 번 호	제2009-11호
우 편 주 소	서울시 도봉구 우이천로 353 성주빌딩 3층
대 표 전 화	02) 992 / 3253
전　　　송	02) 991 / 1285
전 자 우 편	bakmunsa@hanmail.net

ⓒ 황신애, 2019 Printed in KOREA.

ISBN 979-11-87425-43-4　13720　　　　　　　　　　정가 16,000원